Texto © Gabriela Romeu, Vanessa Fort, Januária Cristina Alves (coord.), 2021
Ilustrações © Ana Thomas Terra e Erika Lourenço, 2021

DIREÇÃO EDITORIAL: Maristela Petrili de Almeida Leite

COORDENAÇÃO DE EDIÇÃO DE TEXTO: Marília Mendes

EDIÇÃO DE TEXTO: Lisabeth Bansi, Patrícia Capano Sanchez, Ana Caroline Eden,
Thiago Teixeira Lopes, Giovanna Di Stasi

ASSISTÊNCIA DE PESQUISA: Miréia Figueiredo, Carolina Tiemi

COORDENAÇÃO DE EDIÇÃO DE ARTE: Camila Fiorenza

PROJETO GRÁFICO: Camila Fiorenza, Caio Cardoso

DIAGRAMAÇÃO E CAPA: Michele Figueredo

IMAGEM DE CAPA: © Lisa Kolbasa/Shutterstock

ILUSTRAÇÕES: Ana Thomas Terra, Erika Lourenço

COORDENAÇÃO DE ICONOGRAFIA: Luciano Baneza Gabarron

PESQUISA ICONOGRÁFICA: Cristina Mota, Célia Rosa

COORDENAÇÃO DE REVISÃO: Elaine C. del Nero

REVISÃO: Renata Palermo

COORDENAÇÃO DE BUREAU: Rubens M. Rodrigues

PRÉ-IMPRESSÃO: Everton L. de Oliveira, Vitória Sousa

COORDENAÇÃO DE PRODUÇÃO INDUSTRIAL: Wendell Jim C. Monteiro

IMPRESSÃO E ACABAMENTO: PlenaPrint

LOTE: 745700 - 745701

Dados Internacionais de Catalogação na Publicação (CIP)
(Câmara Brasileira do Livro, SP, Brasil)

---

Romeu, Gabriela
    Para falar sobre gênero / Gabriela Romeu, Vanessa Fort; Januária Cristina Alves,
    coordenação; ilustrações Ana Thomas Terra, Erika Lourenço. - 1. ed. -
    São Paulo, SP: Moderna, 2021. - (Informação e diálogo)

    Bibliografia.
    ISBN 978-85-16-13335-1

    1. Gênero e sexualidade 2. Identidade de gênero 3. Identidade de gênero -
Literatura infantojuvenil I. Fort, Vanessa. II. Alves, Januária Cristina.

III. Terra, Ana Thomas. IV. Lourenço, Erika. V. Título. VI. Série.

---

21-78705                                                    CDD-305.42

---

Índices para catálogo sistemático:

1. Identidade de gênero : Sociologia 305.42

Eliete Marques da Silva - Bibliotecária - CRB-8/9380

Todos os direitos reservados
EDITORA MODERNA LTDA.
Rua Padre Adelino, 758 – Quarta Parada
São Paulo – SP – Brasil – CEP 03303-904
Vendas e atendimento: Tel. (11) 2790-1300
www.modernaliteratura.com.br
2021
Impresso no Brasil

# Gabriela Romeu

Jornalista, pós-graduada em educomunicação pela Universidade de São Paulo (USP-SP). Foi editora do suplemento infantil do jornal *Folha de S.Paulo*. Documentarista e autora de livros que tratam de realidades infantis.

# Vanessa Fort

Roteirista e produtora de cinema e televisão, formada em Rádio e TV, com pós-graduação em Ciências Sociais pela Fundação Escola de Sociologia e Política. Atua em projetos de curtas e longas-metragens, ficcionais e documentais, para crianças e adolescentes.

# Januária Cristina Alves (ibi)

### COORDENAÇÃO

Jornalista, mestre em Comunicação Social pela Escola de Comunicações e Artes da Universidade de São Paulo (USP-SP), educomunicadora e autora de mais de 50 livros para crianças e jovens.

# Para falar sobre gênero

**1ª edição**

**2021**

# Sumário

# Apresentação

Este livro é um convite para uma conversa sobre um tema que envolve todas as pessoas, de todas as idades, de todos os lugares: o que é ser mulher ou homem nos dias de hoje, e como isso interfere no modo como pensamos, nos relacionamos, trabalhamos, amamos, fazemos política e até contamos histórias. Ou seja, o modo de viver, de se manifestar, de ser e se afirmar no mundo.

Tema que envolve muitos aspectos do nosso dia a dia, desde a hora em que nascemos, as questões de gênero reúnem uma gama de assuntos que estão no centro do debate da atualidade. Ao tratar sobre questões de gênero também esbarramos em discussões sobre direitos humanos, justiça social, relações étnicas e intergeracionais, entre diversos desequilíbrios gerados quando um grupo se coloca como dominante.

Vamos pensar em alguns exemplos? Gênero tem a ver com o lugar, na maioria das vezes invisível, da mulher na sociedade, de como ainda é minoria nos postos de comando, de como é tratada apenas como objeto de desejo. Também está relacionado às discussões sobre masculinidade (muito além da imagem do homem valentão), à paternidade, à violência entre homens ou gerada por eles e à importância do envolvimento deles na construção da igualdade de gênero.

Em tempos tão cheios de mudanças como os de hoje, o que também influi nas questões de gênero, este é um livro para ser lido e debatido em casa ou na escola, entre homens e mulheres, professores e alunos, pais e filhos, meninas, meninos e menines. Menine? Isso mesmo, o mundo não é tão binário assim, só feminino ou só masculino, há muitos jeitos de ser e estar no mundo. E sobre isso também vamos tratar nas páginas a seguir.

Boa leitura!

Estas são apenas algumas das frases, notícias ou dados recolhidos recentemente de jornais, revistas, tuítes e outras postagens, também ouvidas em rodas de conversa ou saídas da boca de gente envolvida com política, que coloca a temática de gênero no centro do debate, em casa, na rua ou na escola. Por essas e outras questões, é importante conversar sobre o assunto.

"Meninas vestem rosa e meninos vestem azul" (Damares Alves, pastora evangélica, ministra da Mulher, Família e Direitos Humanos, 2019).

"Feminismo é mais bem avaliado entre homens do que entre mulheres" (manchete do caderno Cotidiano do jornal *Folha de S.Paulo*, de 14 abr. 2019).

Foi fazendo muitas perguntas que este livro foi escrito. Também, pudera. Vivemos tempos em que as questões de gênero circulam num turbilhão de uma guerra cultural, com muitas mudanças nos costumes e em meio a um novo momento do feminismo, questionando o (des)balanço de poder entre homens e mulheres na sociedade, nas relações familiares, sociais e profissionais. A todo momento, não param de pipocar novidades sobre o assunto, em um novo artigo acadêmico, em um dado de instituto de pesquisa, ou em uma nova discussão na internet.

De pergunta em pergunta, fomos pensando as questões de gênero. A começar pelo questionamento:

**O QUE É GÊNERO ???**

**Gênero** diz respeito ao papel social ao qual as pessoas foram designadas ao nascer. É o que provoca afirmações como "meninos são impetuosos", "meninas são frágeis", "meninos não choram" ou "meninas são tagarelas", como se fossem simplesmente características típicas, inquestionáveis, algo como "papo de mulher" ou "coisa de homem". Vale parar para pensar melhor diante de frases que parecem tão verdadeiras de tão repetidas: essas afirmações podem ser mais naturalizadas do que naturais. Afinal, será que essas ideias são verdadeiras mesmo?

# Questão de gênero: uma questão de todos nós

Se dialogar sobre gênero é tratar das relações sociais que se estabelecem a partir das diferenças percebidas entre o sexo feminino e o sexo masculino, tais questões são de interesse de todas as pessoas. E é fundamental destacar:

### DIFERENTE NÃO É O MESMO QUE DESIGUAL.

Ou seja, é preciso estar atento para que as relações de gênero não sejam produtoras de (mais) desigualdades na sociedade em que vivemos.

Por isso, engana-se quem acha que tratar de questões de gênero é assunto de interesse de meninas e mulheres apenas, apesar de ser um termo amplamente estudado e discutido nos círculos feministas.

Os equívocos das desigualdades de gênero, além de historicamente oprimirem a mulher, também produzem a ideia falsa de um único modelo ou jeito de ser menino ou homem, aquele que é forte, não demonstra suas emoções, não cuida, não sente medo. Assim, nas últimas décadas, a partir das reivindicações das mulheres e, mais recentemente, por meio de debates sobre masculinidade, a questão de gênero é uma discussão cada vez mais importante para todas as pessoas interessadas em viver num mundo mais equânime e com menos injustiças.

### "EM QUE MEDIDA JOVENS E ADULTOS SÃO LIVRES PARA CONSTRUIR O SIGNIFICADO DE SUA ATRIBUIÇÃO DE GÊNERO?"

(*JUDITH BUTLER*, ESTUDIOSA DAS QUESTÕES DE GÊNERO, EM ENTREVISTA À *FOLHA DE S.PAULO*).

©ANA THOMAS TERRA

# Origem do termo

O termo "gênero" se popularizou na década de 1990, mas já em anos anteriores, a partir de 1970, começou a ser utilizado pela teoria social para se pensar as questões de feminino e masculino.

Diversas pesquisadoras e pensadoras feministas passaram a questionar se a fonte das desigualdades entre homens e mulheres era universal ou se mudava de uma sociedade para outra. Descobriram que há vários modos de se conceber o feminino e o masculino nas mais diversas culturas, em diferentes tempos.

Assim, para o pesquisador Bernardo Fonseca Machado, em artigo publicado na revista digital *Nexo*, a questão de gênero é um modo de pensar, entender e enxergar o mundo. É como se a gente emprestasse lentes especiais para ver a partir de uma perspectiva.

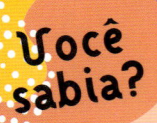

O uso das cores rosa e azul mudou bastante ao longo da história. Rosa já foi uma cor associada ao universo masculino, e azul, do feminino. O azul claro, por exemplo, é há tempos usado no manto da Virgem Maria, transmitindo a noção de meiguice e doçura do feminino.

Durante muito tempo, o branco imperava nas vestimentas das crianças, pois era caro produzir tecidos tingidos, e as cores eram usadas pelas camadas ricas da população ou por pessoas mais velhas.

No início do século XX, pouco antes da Primeira Guerra Mundial, cores em tons pastel começaram a ser usadas, mas ainda não se definia tanto o gênero. Há registro de azul e rosa sendo usados por meninos e meninas, mas, por ser derivada do vermelho, a cor-de-rosa era associada a força e valentia. Já o azul, à delicadeza feminina.

O uso de cor-de-rosa para meninas e azul para meninos se deu após a Segunda Guerra Mundial. Nesse período, todo o mercado de brinquedos se organizou e os brinquedos rosa davam a informação às meninas de que elas precisavam ser delicadas. Na década de 1980, quando a ultrassonografia permitiu que as pessoas descobrissem o sexo do bebê, o enxoval popularizou ainda mais a ideia de rosa para meninas e azul para meninos, o que hoje é cada vez mais questionado.

A fotógrafa sul-coreana JeongMee Yoon registrou crianças da Coreia do Sul e dos Estados Unidos com brinquedos, roupas e objetos indicando as relações entre gênero e consumo.

Que a adolescência não é um mar de rosas, a gente já sabe. Mas saber que outras pessoas vivem e sentem coisas parecidas com as que vivemos e sentimos nos ajuda a organizar e criar um mapa para nossas emoções. E é com as experiências da protagonista do livro que conseguimos fazer isso e afirmar que, muitas vezes, o que sentimos tem a ver com temas difíceis que atingem não só as pessoas individualmente, mas também mobilizam uma discussão coletiva. O livro passa por questões de relacionamentos, como namoros complicados, amizades rompidas e assédios. É uma história libertária para meninas, mas também para meninos. Porque o lance é ser livre juntos!

MARTINS, Penélope. *Minha vida não é cor-de-rosa*. São Paulo: Editora do Brasil, 2018.

# As estruturas e desigualdades sociais

Há gerações e gerações a vida em sociedade, no que diz respeito às relações entre homens e mulheres ou adultos e crianças, é organizada de maneira hierarquizada, muitas vezes gerando diferenças e injustiças, o que reflete muito nas questões de gênero. Nas sociedades ocidentais (nas quais vivemos), persiste ainda a ideia de que a participação dos homens no mundo é maior e mais importante do que a atuação das mulheres.

Isso afeta as esferas da vida privada e da vida pública. Por exemplo, esse pensamento faz com que a vida privada fique sob a responsabilidade da mulher, que carrega essa ideia de existir para o cuidar (como se isso não fosse da natureza dos homens também), fazendo dela a dona de casa. Já a vida pública fica a cargo do homem, garantindo a ele maior possibilidade de acesso ao trabalho. Há nessa ideia o dado de que os homens, especialmente brancos e heterossexuais, garantem isso pelo seu fácil acesso à organização social do trabalho e dos meios de produção.

Essas questões são justificadas biológica e cientificamente, segundo alguns estudos: o homem é biologicamente mais forte, racional e pragmático; a mulher, mais sensível, empática e emocional. E elas impactam culturalmente a organização familiar e social e até os direitos à cidadania. Veja só um exemplo:

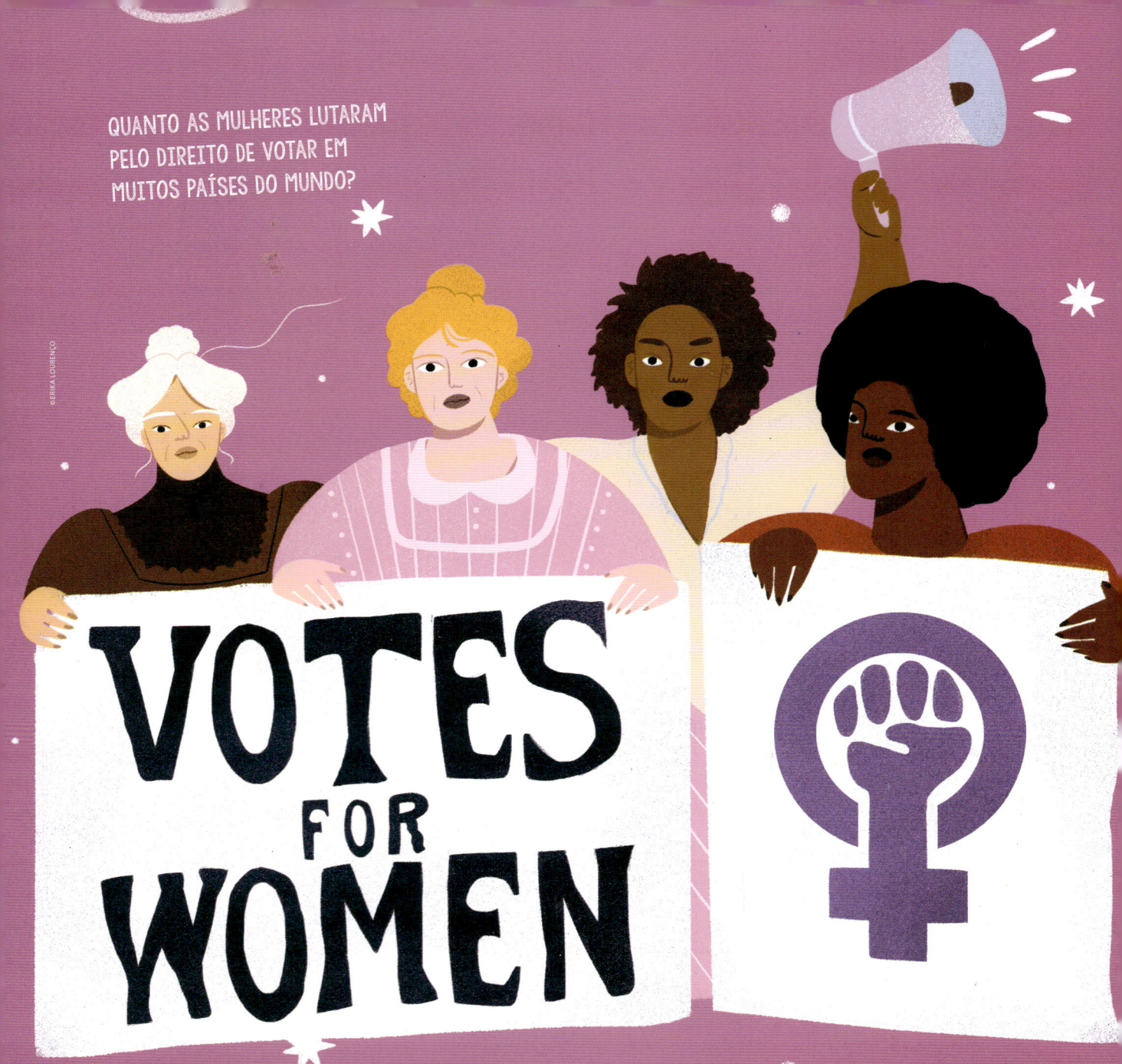

QUANTO AS MULHERES LUTARAM PELO DIREITO DE VOTAR EM MUITOS PAÍSES DO MUNDO?

©ERIKA LOURENÇO

"AS ROSAS DA RESISTÊNCIA NASCEM NO ASFALTO. A GENTE RECEBE ROSAS, MAS VAMOS ESTAR COM O PUNHO CERRADO FALANDO DE NOSSA EXISTÊNCIA CONTRA OS MANDOS E DESMANDOS QUE AFETAM NOSSAS VIDAS" (*MARIELLE FRANCO*, ATIVISTA E POLÍTICA, ASSASSINADA A TIROS EM 2018 NO RIO DE JANEIRO).

# Gênero, raça e classe social

Existe ainda um agravamento disso tudo ao acrescentarmos outras dimensões que atravessam as questões de gênero: aspectos ligados à raça, à classe social e àqueles que se perpetuam de geração em geração.

Historicamente, as pessoas negras, especialmente as mulheres, têm menos acesso aos estudos e aos meios de trabalho e produção, restando a elas os empregos e serviços que as mulheres brancas não querem fazer – o que é uma baita injustiça. É por isso que hoje se coloca como fundamental nesse debate um olhar interseccional para o tema.

A **interseccionalidade** é um conceito criado há 30 anos pela teórica negra **Kimberlé Crenshaw** (foto), nas discussões feitas pelas feministas negras americanas sobre os processos legais contra discriminação. É um conceito que possibilita analisar a vida em sociedade sob a perspectiva de justiça social e revisão histórica, pensando no quanto o racismo, as divisões de classes sociais e as questões de gênero tornam algumas pessoas, especialmente as mulheres negras, mais vulneráveis do que outras.

"AS AÇÕES REALIZADAS PELOS MOVIMENTOS NEGROS NESSAS ÚLTIMAS QUATRO DÉCADAS TANTO BUSCARAM DESMISTIFICAR A DECANTADA DEMOCRACIA RACIAL BRASILEIRA COMO TAMBÉM FORMULAR PROPOSTAS DE CORREÇÃO DAS DESIGUALDADES PROMOVIDAS PELO RACISMO, PELA DISCRIMINAÇÃO DE BASE RACIAL, COMO AS POLÍTICAS DE AÇÃO AFIRMATIVA"

(*SUELI CARNEIRO*, FILÓSOFA, FUNDADORA DO GELEDÉS – INSTITUTO DA MULHER NEGRA, EM ENTREVISTA À REVISTA *CULT*).

# Qual é a norma? (e tem norma?)

Speech bubbles: "Menino joga melhor futebol" · "A mulher nasceu pra ser mãe" · "menina é vaidosa"

Durante muitas gerações, frases como essas ditaram definições e normas sobre o masculino e o feminino. De certa forma, isso simplificava a vida, ao mesmo tempo que reduzia as expressões de gênero a uma narrativa (ou possibilidade) única, causando sofrimento, exclusão, *bullying* a todas as pessoas que não conseguiam se encaixar nessas ideias e conceitos.

É o que chamamos de **normas de gênero**. Referem-se às associações de um comportamento específico simplesmente por ser mulher ou homem, menina ou menino. É como se tivéssemos que seguir regras para alcançar uma ideia limitada do que é ser mulher ou homem.

## PARA SABER MAIS

### AINDA SOBRE O USO DO ROSA E DO AZUL

Em resposta à declaração da ministra Damares Alves sobre o uso normativo da cor rosa e da cor azul, Debora Baldin entrevista em seu canal a pedagoga Maria Clara Araújo, primeira travesti a passar no curso de pedagogia da UFPE e integrante da equipe da deputada estadual de São Paulo, eleita em 2018, Érica Malunguinho, primeira mulher negra transexual a ocupar esse cargo na Assembleia Legislativa de São Paulo. A conversa traz que o debate sobre o rosa e o azul reforça a ideia de que só existem os gêneros feminino e masculino, excluindo qualquer outra manifestação de gênero.

Vale ouvir:

http://mod.lk/ mariacla.

# Diferente não é desigual

**Você sabia?**

Numa escola de educação infantil em Estocolmo, na Suécia, os professores não usam pronomes como "ele" e "ela" ao falarem das crianças. Em vez disso, chamam meninas e meninos com um termo, "hen": palavra sem gênero. A biblioteca dessa escola tem poucos livros de contos de fadas cheios de princesas indefesas, e as meninas não são estimuladas a só brincar de casinha, assim como os meninos também brincam com bonecas.

Essa história foi notícia no jornal *Folha de S.Paulo*, em 2012. A escola Nicolaigarden é um exemplo dos "esforços do país para apagar as divisões entre gêneros", resultado de uma lei criada em 1998 que exige que instituições educacionais garantam oportunidades iguais tanto para meninos quanto para meninas. Exagero? Os números de desigualdade de gênero em diversos cantos do mundo mostram que a legislação não é excessiva, não.

Vamos pensar como isso se dá em números? O Relatório Mundial sobre Disparidade de Gênero, do Fórum Econômico Mundial, elaborado em 2019 com 153 países, reúne dados sobre as oportunidades para homens e mulheres nas áreas de saúde, educação, trabalho e política.

O estudo aponta que a desigualdade de gênero no local de trabalho aumentou e, segundo calculam, serão necessários 257 anos para alcançarmos a paridade nessa área. Há, por exemplo, uma diferença salarial global de 40%, além de poucas mulheres em cargos de gerência.

Nesse relatório mundial, no entanto, há registro de melhoria em todas as demais áreas, com exceção da trabalhista. Houve aumento do número de mulheres na política, e as áreas de educação e saúde estão próximas da igualdade (96,1% e 95,7%, respectivamente). Considerando todas as áreas, a média global para se atingir a paridade de gênero é de 99,5 anos (ou quase um século; ainda um abismo de desigualdade).

No *ranking* mundial, o Brasil está na 92ª posição e precisará de 59 anos para alcançar a paridade de gênero. Apesar da melhora, tem uma das piores desigualdades da América Latina, ocupando o 22º lugar entre 25 países. Os maiores desafios do país são participação política e salários.

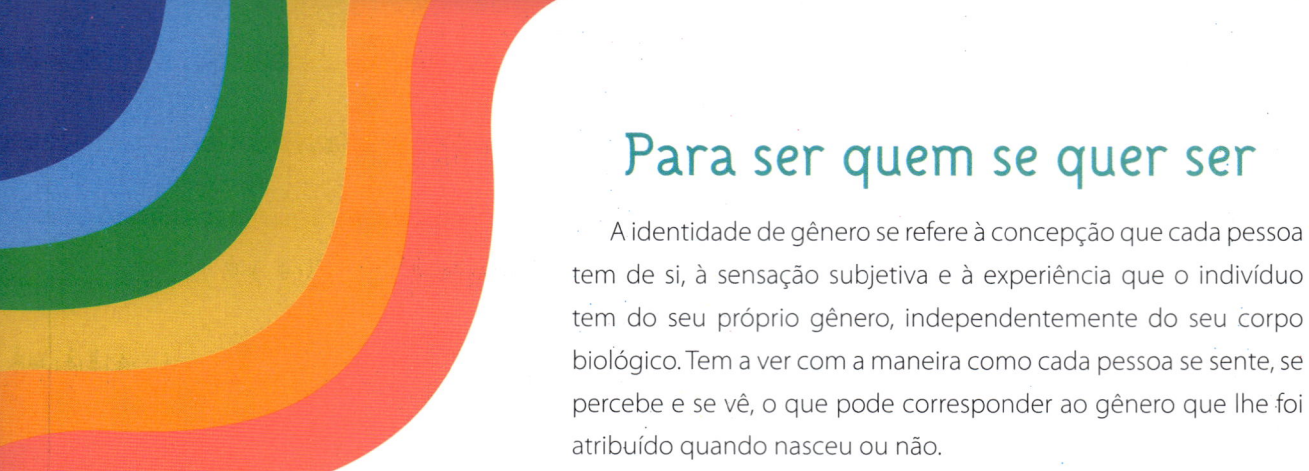

# Para ser quem se quer ser

A identidade de gênero se refere à concepção que cada pessoa tem de si, à sensação subjetiva e à experiência que o indivíduo tem do seu próprio gênero, independentemente do seu corpo biológico. Tem a ver com a maneira como cada pessoa se sente, se percebe e se vê, o que pode corresponder ao gênero que lhe foi atribuído quando nasceu ou não.

A intolerância a essa diversidade de ser homem ou mulher provoca os altos índices de violência que a comunidade LGBTQIA+ (Lésbicas, *Gays*, Bissexuais, Transgêneros, *Queers*, Intersexos, Assexuais) enfrenta diariamente. O Brasil é onde mais se matam pessoas LGBTQIA+s no mundo, segundo a Associação Nacional de Travestis e Transexuais (ANTRA), o Instituto Brasileiro Trans de Educação (IBTE), a ONG Transgender Europe (TGEu) e diversas outras organizações.

© ANA THOMAS TERRA

## Nada invisíveis

O Dia da Visibilidade Trans é comemorado em 29 de janeiro, data que chama a atenção para a importância de promoção dos direitos desse grupo. Foi nesse dia, em 2004, que uma travesti, mulheres transexuais e homens trans entraram no Congresso Nacional, em Brasília, para lançar a campanha "Travesti e Respeito", do Departamento de DST, Aids e Hepatites do Ministério da Saúde. Entre os LGBTQIA+s, as pessoas transgêneros são as que mais sofrem com a intolerância, representando a população mais vulnerável a mortes violentas.

## Cisgênero

Indivíduo que se identifica com o sexo biológico com o qual foi designado ao nascer.

## Transgênero

Refere-se à experiência e à manifestação de uma pessoa com o seu próprio gênero. Indivíduos trans possuem uma identidade de gênero que é diferente do sexo que lhes foi designado ao nascer.

## Não binário

A não binariedade ou gênero *queer* diz respeito à identidade de gênero daqueles que não se identificam nem como homens nem como mulheres. Para esses indivíduos, as noções de feminino e masculino são fluidas e a linguagem assim também deve ser.

## Intersexo

As combinações de cromossomos mais comuns para designar o sexo dos seres humanos são xx e xy determinando, respectivamente, os sexos feminino e masculino. Mas a genética já identificou as combinações xxx, xxy, xyy e xxxx. Além disso, os níveis hormonais também alteram como o nosso corpo se manifesta, fazendo-o parecer mais masculino, mais feminino ou andrógeno.

# Violência de gênero

Já ouviu a frase: "Em briga de marido e mulher ninguém mete a colher!"? É comum também ouvirmos coisas como "Ele te bateu porque gosta muito de você", referindo-se à agressão contra uma criança. Ou, quando uma menina apanha de um menino, "Meninos são assim mesmo, não sabem se expressar e agem desse jeito".

Infelizmente, situações como essas são diariamente banalizadas. E é preciso que não restem dúvidas:

## SIM, SÃO CASOS DE VIOLÊNCIA. VIOLÊNCIA DE GÊNERO.

As agressões podem acontecer de várias formas: por meio de abuso moral e psicológico, chantagem e agressões físicas.

Numa relação de namoro, por exemplo, é quando um deles pede para a namorada ou o namorado mandar uma foto com a roupa que está vestindo para saber se está "adequada". E, em casos mais drásticos, uma pessoa ameaça tirar a própria vida após o outro terminar o relacionamento.

Há também outras formas de violência ligadas a estereótipos de gênero. Os estereótipos, que nada mais são do que ideias que se estabelecem como padrão, têm relação com algumas características esperadas dos homens ou das mulheres, das garotas ou dos garotos, e a forma como eles se relacionam no cotidiano. Por exemplo, dizer que chorar não é coisa de homem.

## Lei Maria da Penha

Se as frases do senso comum banalizam as situações de violência contra a mulher, muitas vezes resultado de uma naturalização do ciúme, por exemplo, os dados sobre esse tema são pra lá de alarmantes: o Brasil é o quinto país com maior taxa de feminicídio (quando se mata uma mulher apenas porque ela é do sexo feminino).

A violência contra a mulher ocorre inclusive (e de forma assustadora) no lugar onde ela deveria se sentir protegida: em casa. Por isso, foi um tremendo avanço no país a criação da Lei Maria da Penha.

### Você sabia?

A Lei Maria da Penha tem esse nome inspirado na história de superação da farmacêutica **Maria da Penha Maia Fernandes**, que sofreu diversos tipos de agressão do marido, que a deixou paraplégica e quase tirou sua vida. Sua trajetória se tornou símbolo da luta pelos direitos das mulheres.

**PARA PEDIR AJUDA OU SOCORRO, O NÚMERO PARA ESTE TIPO DE DENÚNCIA É: 180**

# Ideologia de gênero

©GULSEN GUNEL/SHUTTERSTOCK

Entre meados da década de 1990 e início dos anos 2000, quando um grupo de neofundamentalistas católicos reagiu às reivindicações de feministas, afirmando que a luta das mulheres atingia a "tradicional família cristã", surgiu a expressão "ideologia de gênero", que é usada por grupos considerados conservadores, mas não é reconhecida nem usada na academia – ou seja, por aqueles que estudam, entre outras questões, temas como gênero.

**"MAL COMEÇAMOS A ENTENDER A DIVERSIDADE SEXUAL HUMANA, VOZES MEDIEVAIS EMERGIRAM DAS CATACUMBAS PARA INVENTAR A TAL 'IDEOLOGIA DE GÊNERO'. COMO NUNCA VI ESSE TERMO MENCIONADO EM ARTIGOS CIENTÍFICOS NEM NOS LIVROS DE PSICOLOGIA OU DE QUALQUER RAMO DA BIOLOGIA, FICO CONFUSO."**
(DRÁUZIO VARELLA, *FOLHA DE S.PAULO*, 15 SET. 2019).

©LAERTE

CLARO QUE EXISTE «IDEOLOGIA DE GÊNERO»: É TUDO QUE FOGE DO GÊNERO DA MINHA IDEOLOGIA.

©BADBROTHER/SHUTTERSTOCK

## Fique de olho

"Por que gênero não é ideologia? É preciso esclarecer que gênero é um conceito de descrição e de análise de mundo" (Bernardo Fonseca Machado, *Nexo Jornal*, 12 jul. 2016).

"Ideologia de gênero não existe. Estudos de gênero, ao contrário, constituem um campo real do conhecimento que nunca se propôs a mudar a sexualidade de ninguém" (Meteoro Brasil, no livro *Tudo o que você precisou desaprender para virar um idiota*, Editora Planeta).

Obra da série *Genealogy of Struggle*, de Carolina Caycedo, composta de 100 retratos de ambientalistas mulheres. Essa série integrou a exposição História das mulheres, histórias feministas, realizada no Masp, em 2019.

DIA INTERNACIONAL DA MULHER - 08 DE MARÇO AS MULHERES ESTÃO NAS RUAS!!! EM LUTA CONTRA A VIOLÊNCIA, PELA IGUALDADE, LIBERDADE E POR MAIS DIREITOS!

# O tempo das mulheres

Houve um tempo (e não faz tanto tempo...) em que as mulheres eram consideradas seres inferiores aos homens. Não podiam votar, ir à escola, participar de reuniões políticas, escolher com quem se casar (o que não é ainda uma realidade para todas). Em muitos lugares, uma mulher casada era tida como propriedade do marido. Claro, as mulheres não aceitaram isso tudo sempre caladas. Arregaçaram as mangas, botaram a boca no trombone, queimaram sutiãs... E foram à luta!

Ao longo da história, elas se organizaram em diferentes períodos para reivindicar seus direitos, nas esferas civis, políticas, educacionais, afetivas... Em grupo, em variados movimentos (ou ondas, como são chamados os períodos de grandes batalhas feministas), foram rompendo com diversos estereótipos e equívocos. A cada nova fase, surgiram novas reivindicações, discursos, prioridades e protagonistas da história do feminismo no mundo. Ou melhor, dos feminismos, com diferentes abordagens políticas.

# Primeira onda

Foto histórica que mostra a primeira mobilização feminina contra a desigualdade de gênero (Washington, Estados Unidos, 1913).

©BIBLIOTECA DO CONGRESSO, WASHINGTON D.C.

Entre o fim do século XIX e o início do século XX, ocorreu a primeira onda feminista, que nasceu com o movimento de mulheres pela igualdade dos direitos civis, políticos e educacionais. Surgiram grupos diversos, em países como Inglaterra, França, Estados Unidos e Espanha, liderados em geral por mulheres brancas, de classe média, com acesso à educação. Foi nesse período que ocorreu o movimento das sufragistas, mulheres que lutavam pelo direito ao voto. Elas também batalhavam por acesso igualitário à educação e por direitos iguais no casamento. A primeira onda, que durou até os anos 1920, buscou a igualdade de gênero.

## Você sabia?

As mulheres só puderam votar no Brasil a partir de 1932, mas só o Código Eleitoral de 1965 igualou o voto feminino ao masculino.

©UNIVERSAL HISTORY ARCHIVE/UNIVERSAL IMAGES GROUP/GETTY IMAGES

### ROSA LUXEMBURGO (1871-1919)

Filósofa polaco-alemã, é uma das mais importantes lideranças da primeira onda feminista. Defendia que só uma revolução proletária das mulheres as libertaria da escravidão do lar.

# ✊ Segunda onda

A segunda onda feminista ocorreu principalmente entre 1960 e 1970, em especial nos Estados Unidos e na França, com destaque para a luta pelos direitos reprodutivos e o debate sobre a sexualidade feminina.

Algumas das ideias defendidas na segunda onda feminista, no entanto, começaram a florescer depois de 1945. As feministas questionavam diferentes aspectos ligados à vida da mulher na sociedade, como sexualidade, religião e poder.

No clima libertário dos anos 1960, quando houve o surgimento da pílula anticoncepcional, as mulheres reivindicavam para si o controle da natalidade, além de lutarem pelo direito ao aborto legal e denunciarem agressões físicas. Ganhou destaque no período, marcado pelo ativismo dos direitos civis, o Movimento de Libertação para Mulheres.

Frame do documentário *She's beautiful when she's angry*, dirigido por Mary Doe.

## SIMONE DE BEAUVOIR (1908-1986)

"Ninguém nasce mulher, torna-se mulher." Essa é uma das frases dessa filósofa francesa que publicou, em 1949, uma obra influente ainda hoje: *O segundo sexo*.

# Terceira onda

©BEV GRANT/GETTY IMAGES

Na década de 1980, quando as correntes políticas se inclinam para a direita (em países como Reino Unido e Estados Unidos, por exemplo), surge a terceira onda feminista, fase em que vigora a multiplicidade de feminismos. Nesse período, a questão da raça é inserida no debate e o próprio feminismo é questionado. Mulheres negras apontam que o feminismo liderado por mulheres brancas havia ignorado as diferenças raciais e isso minava a "irmandade" do feminismo. É nesse período que surge o conceito de "interseccionalidade", do qual falamos anteriormente.

©AUDI COMIC/FOR THE WASHINGTON POST/GETTY IMAGES

**ANGELA DAVIS (1944-)**

Filósofa norte-americana, importante ativista dos direitos civis negros. "Quando a mulher negra se movimenta, toda a estrutura da sociedade se movimenta com ela."

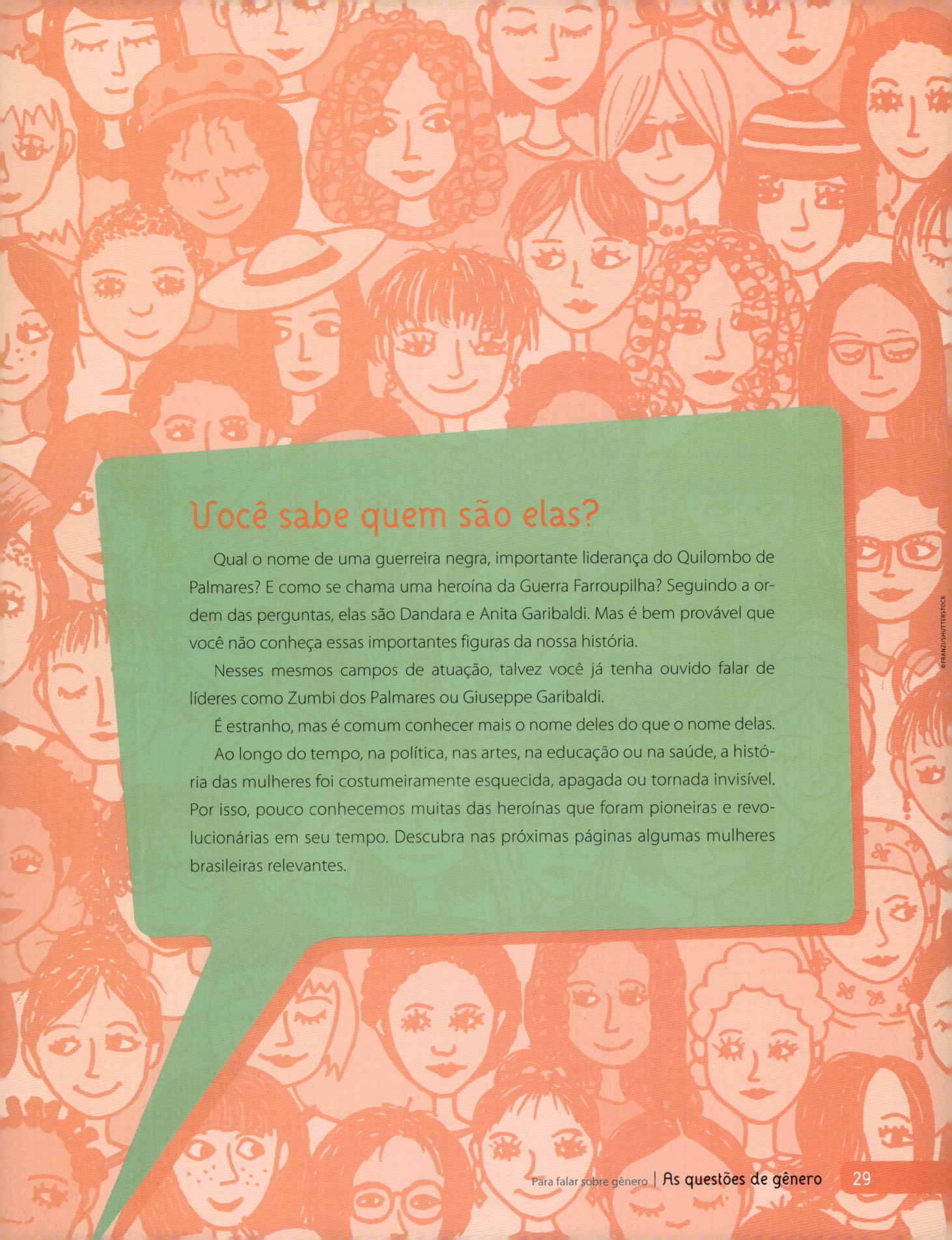

# Você sabe quem são elas?

Qual o nome de uma guerreira negra, importante liderança do Quilombo de Palmares? E como se chama uma heroína da Guerra Farroupilha? Seguindo a ordem das perguntas, elas são Dandara e Anita Garibaldi. Mas é bem provável que você não conheça essas importantes figuras da nossa história.

Nesses mesmos campos de atuação, talvez você já tenha ouvido falar de líderes como Zumbi dos Palmares ou Giuseppe Garibaldi.

É estranho, mas é comum conhecer mais o nome deles do que o nome delas.

Ao longo do tempo, na política, nas artes, na educação ou na saúde, a história das mulheres foi costumeiramente esquecida, apagada ou tornada invisível. Por isso, pouco conhecemos muitas das heroínas que foram pioneiras e revolucionárias em seu tempo. Descubra nas próximas páginas algumas mulheres brasileiras relevantes.

© ACERVO CHIQUINHA GONZAGA/SBAT – INSTITUTO MOREIRA SALLES

## Chiquinha Gonzaga
### (1847-1935)

Autora de mais de 2 mil composições, estudou piano e latim e foi educada para apreciar ópera e valsa. Mas ousou em seu tempo ao tocar violão (nada visto com bons olhos pela sociedade), compôs maxixes (pouco apreciados pela elite), não escondia suas opiniões e escolheu a quem amar. A marchinha "Ó abre alas" eternizou seu trabalho.

Escritora mineira, mãe solo e moradora da antiga favela do Canindé, em São Paulo, Carolina de Jesus foi uma das primeiras escritoras negras do Brasil e é considerada uma das mais importantes do país. *Quarto de Despejo*, de 1960, é um best-seller, traduzido para vários idiomas e adaptado para a TV e o teatro.

© ARQUIVO/AE/ESTADÃO CONTEÚDO

## Carolina Maria de Jesus
### (1914-1977)

## Felipa de Souza
### (1556-1600)

Portuguesa, símbolo da luta LGBT, foi a primeira mulher a reconhecer publicamente sua homossexualidade. Foi denunciada, condenada e castigada por ser lésbica no Brasil colonial do século XVI.

## Madalena Caramuru
### (início do século XVI)

Primeira brasileira alfabetizada. Escreveu uma carta a Manuel da Nóbrega reivindicando o fim dos maus-tratos às crianças indígenas e acesso das mulheres à educação. Filha de pai português e mãe tupinambá.

### Dorothy Stang
### (1931-2005)

Conhecida como Irmã Dorothy, foi uma religiosa americana naturalizada brasileira, ativista dos movimentos ambientais no Pará e defensora da reforma agrária no país. Foi assassinada, vítima dos conflitos agrários da região amazônica.

### Dorina Nowill
### (1919-2010)

Nascida em São Paulo, perdeu a visão aos 17 anos e, apaixonada por leitura e por aprender, não demorou a estudar o braile, sistema de leitura para cegos. Em 1946, a ativista lutou pelo acesso de deficientes visuais à cultura e à informação e criou a Fundação Dorina Nowill para Cegos (inicialmente com outro nome), que já imprimiu e distribuiu milhares de livros adaptados aos deficientes visuais, entre outras ações para a inserção das pessoas com essa deficiência na sociedade.

### Marielle Franco
### (1979-2018)

Socióloga, política, feminista e defensora dos direitos humanos. Eleita vereadora no Rio de Janeiro, foi assassinada a tiros com o motorista Anderson Gomes, em 2018, em episódio de extrema violência política. Virou símbolo de resistência.

©STEFANO MONTESI/CORBIS/GETTY IMAGES

## Sonia Guajajara
## (1974-)

Importante liderança do movimento indígena brasileiro da atualidade, foi a primeira mulher indígena a se candidatar como vice-presidente da República. É originária do povo Guajajara, que habita uma terra indígena no Maranhão.

Considerada uma guerrilheira lendária do Araguaia – uma guerrilha rural que aconteceu entre as décadas de 1960 e 1970 para que camponeses tomassem o poder. Filiou-se ao Partido Comunista do Brasil e lutou contra a ditadura militar. Nasceu em um vilarejo do interior baiano.

©ACERVO DA FAMÍLIA

## Dinalva Oliveira Teixeira
## (1945-1974)

©BUDA MENDES/LATINCONTENT/GETTY IMAGES

## Dona Ivone Lara
## (1921-2018)

Rainha do samba, abriu caminho para que outras mulheres pudessem compor e cantar em meio a rodas marcadas pelo universo masculino, em décadas passadas. A música "Sonho meu" é um dos seus maiores sucessos. Nasceu no Rio de Janeiro, onde atuou como enfermeira e assistente social, contribuindo para a luta antimanicomial.

## Marta Vieira (1986-)

Até 2019, a maior artilheira de futebol da Copa do Mundo de futebol feminino. Sofreu preconceitos de gênero na infância por gostar de algo considerado apropriado só para garotos. Nasceu em Alagoas e hoje roda o mundo com a bola nos pés.

## Indianara Siqueira (1971-)

Ativista transexual de direitos humanos e idealizadora da Casa Nem, abrigo para pessoas LGBTQIA+s em situação de vulnerabilidade. Luta pela pauta transvestigêneres (transexual, travesti e transgênero). Nasceu em Paranaguá (PR).

## PARA SABER MAIS

A *youtuber* Jout Jout responde a perguntas sobre o feminismo e fala sobre a importância de estudar o assunto para não ficar com opiniões de "lugar comum", aquela opinião que se apresenta como regra, que a gente às vezes nem pensa em questionar. Entre outras coisas, o feminismo fala sobre o direito de questionar e buscar a igualdade de direitos entre todas as pessoas. Jout Jout fala sobre essas coisas e sobre os vários jeitos de ser feminista. Olha só, não existe apenas um jeito!

Por que você precisa do feminismo

**Saiba mais em:**

14+ http://mod.lk/jojofemi

©ANA THOMAS TERRA

# As ciências pelos homens: quem disse?

Desde *A origem do homem e a seleção sexual*, livro escrito por Charles Darwin (1809-1882), o cientista britânico que criou a teoria da evolução das espécies, consolidou-se uma ideia de que os homens são superiores intelectualmente, em raciocínio, habilidades manuais e até em imaginação. Essas teorias foram um marco científico, por isso são muito importantes até hoje, mas ainda não davam conta de uma compreensão sobre as diferenças e potencialidades biológicas e comportamentais dos homens e das mulheres.

As mulheres, por sua vez, passaram a buscar cada vez mais seus espaços em diferentes áreas do conhecimento, incluindo as ciências (quem disse que menina não é boa em quími-ca, biologia ou física?). Nem sempre foi fácil – e ainda não é. Mas a maior participação delas nas áreas científicas ajudou, ao longo do tempo, a romper com preconceitos de uma área historicamente dominada por homens.

Assim, quando as mulheres cientistas passaram a ocupar importantes postos de pesquisa, surgiu o questionamento a respeito da superioridade dos homens sobre as mulheres, o que, segundo várias pesquisas, não é natural e, sim, cultural. Ou seja, isso é uma ideia construída e assimilada na nossa vida em sociedade, em suas pequenas ou maiores manifestações – numa fala de um colega de classe ou mesmo num estudo científico.

## Você sabia?

Foram cinco brasileiras que conseguiram sequenciar o genoma do novo coronavírus em apenas 48 horas!

Segundo a reportagem do *Correio Braziliense*, as biomédicas **Jaqueline Goes de Jesus**, **Ingra Morales**, **Flávia Salles** e a farmacêutica **Erika Manuli**, lideradas pela médica **Ester Sabino**, são as pesquisadoras da Faculdade de Medicina da USP, dentro do Instituto Adolfo Lutz (IAL), que decifraram a amostra do primeiro caso de infecção da Covid-19 na América Latina. O resultado saiu em apenas 48 horas, mostrando a estrutura do vírus. Uma delas, Erika Manuli, fala das desigualdades de oportunidades nas ciências:

"É um desafio ser mulher nessa área. Percebe-se que os cargos de diretoria geralmente são ocupados por homens. Então, divulgar a importância do nosso trabalho foi um grande passo na minha percepção, mostrando para a comunidade científica que as mulheres brilham. Somos empoderadas sim", afirma a farmacêutica.

### GAROTA ATIVISTA

Uma das grandes discussões científicas atuais diz respeito às questões ambientais no mundo. A sueca **Greta Thunberg** é uma jovem ativista ambiental que está conectada ao tema. Em 2019, foi considerada personalidade do ano pela revista *Time* por sua (e nossa) luta.

# Como construir equidade de gênero

**1** Existem vários jeitos de ser menina, menino ou menine. Ser sensível e ser íntegro são características muito importantes para qualquer ser humano. Meninos podem chorar e meninas podem ser exímias em tudo que quiserem fazer.

**2** Não existe coisa de menina nem coisa de menino. E também coisa de menine, para usar um termo que remete à não binariedade. Meninas, meninos e menines podem gostar do que quiserem. Cada um é um em sua singularidade.

**3** Meninas, meninos e menines têm direitos iguais. Homens não são o centro do mundo. Nem mulheres. O que precisamos garantir é a igualdade de oportunidades e direitos em diferentes contextos, em casa, na escola ou no trabalho.

**4** Meninas, meninos e menines têm direito de ser escutados. Interromper uma fala, ainda que seja para explicar, não é legal. Escutar é um grande passo para o respeito mútuo e para a execução do direito que todo mundo tem de exprimir suas ideias e opiniões.

**5** Não existe um único modo de se vestir. Cada um pode criar seu próprio estilo como bem entender. E isso não nos faz menos ou mais do que ninguém.

**6** Todas as pessoas da família podem compartilhar as responsabilidades no cuidado com os filhos e com a casa. Sejam uma mãe e um pai, dois pais, duas mães, ou ainda avós e tias, não importa. Crianças e adolescentes podem ajudar também.

**7** É preciso dar atenção aos preconceitos em relação a raça e classe social e perceber o quanto eles influenciam atitudes machistas e racistas, tanto de homens quanto de mulheres. Há algumas ações que têm relação com reparação histórica e educação de nossa sociedade, como a reescrita de histórias "oficiais" sob a ótica das minorias, por exemplo.

**8** Precisamos ficar atentos em como as meninas, meninos e menines são representados no cinema, na televisão e na internet, especialmente para ter um olhar crítico que detecte se os espaços em que estão inseridos fortalecem ideias preconceituosas e/ou antiquadas.

**9** Quando menina, menino ou menine diz "não" quer dizer... Não! Consentimento é a base de toda e qualquer relação. Os limites precisam ser sempre entendidos e respeitados. E importante: roupa ou qualquer outra coisa não são um convite.

**10** Desconsiderar a opinião de alguém — menino, menina ou menine — só porque não é do mesmo grupo ou pensa diferente não é legal. Ouvir diferentes pontos de vista ajuda a fazer ponderações, ampliando as possibilidades de compreensão.

# A língua diz muito sobre o que somos

Além da escola, da família e dos meios de comunicação, a língua que falamos – no caso, a língua portuguesa – também funciona como um veículo que faz circular por todos os cantos as muitas ideias sobre ser garota ou ser garoto. O que falamos, como falamos e se falamos (ou calamos) reflete o modo como pensamos sobre certas coisas. As palavras – ou a ausência delas – revelam muito sobre nossa percepção em relação ao assunto que estamos tratando. Nada é imparcial, indiferente. Nem a língua!

Como numa brincadeira de detetive, poderíamos achar muitas marcas de preconceitos e discriminações na maneira como as pessoas se expressam por meio das palavras, faladas ou escritas. Sim, ao nomear as coisas do mundo, as palavras têm o poder de disseminar sentimentos e ideias, assim como também desavenças e diferenças. Ser inclusiva e até tornar outras coisas (pessoas e grupos) invisíveis! Sempre em transformação, a língua traz também as discussões do tempo dos falantes.

Tudo isso tem que ver com uma das grandes polêmicas nos dias de hoje, quando algumas pessoas questionam se é correto usar o masculino da língua portuguesa como genérico para ambos os sexos. Há quem duvide que frases como "os jovens de hoje" ou "o mundo é dos homens" inclua de fato as meninas, garotas e mulheres. Ao tratar do universo de garotas e garotos de uma escola, por exemplo, é adequado usar apenas "os alunos", justificando que essa é uma forma de englobar elas e eles?

Ao longo do tempo, tentando resolver a questão do sujeito a quem se dirige o texto, convencionou-se usar a linguagem neutra, que usa "homem" como sinônimo de "ser humano" ou utiliza "quem" no lugar de um suposto genérico masculino, por exemplo. Outros recursos possíveis também aparecem nos textos que lemos nos jornais, revistas, internet: alterar a estrutura da frase para evitar termos que generalizam, usar substantivos sem gênero (gente, pessoa, população), dentre outros, são recursos bastante utilizados. Mas…, será que essas palavras são neutras mesmo? E você, o que acha?

Speech bubbles: OBRIGADE · QUERIDXS AMIGXS · DELU · TODES JUNTES! · TODXS LIGADXS · ELU É BONITE

©QVASIMODO ART/SHUTTERSTOCK

## Você sabia?

Proposições têm surgido na internet para questionar os preconceitos linguísticos. Você já viu palavras escritas com x ou @ apagando os marcadores de gênero, como "todxs" e "tod@s"? Esse sistema, porém, é inviável para a linguagem falada e pode dificultar a leitura de pessoas com dislexia e dos leitores de tela de deficientes visuais. Um outro sistema, o elu, tem entre suas regras o uso das vogais e/u no lugar de o/a, como em "alunes", "bonite", "delu", como forma de "neutralizar" o binarismo de gênero da língua portuguesa.

## PARA SABER MAIS

### Outras narrativas importam

Além dos preconceitos linguísticos, não podemos deixar de falar dos raciais, que ainda existem, e, muitas vezes, de forma dissimulada.

A *youtuber* Gabi Oliveira fala sobre os estereótipos de beleza e sobre os lugares em que mulheres e homens negros são colocados, "numa eterna tentativa de se adequar". Ela conta de suas experiências e das violências que sofre por ser mulher negra. Mostra o poder que a representatividade pode ter na vida das mulheres reais. "Que nova narrativa você quer colocar no mundo? Que nova história você quer contar?", ela pergunta. Reflexão importante, porque o preconceito racial também tem calado muitas vozes, escondido muitas histórias.

©ERIKA LOURENÇO

# Quer testar como isso funciona?

**Que frases fazem um uso não sexista da língua?**

©ERIKA LOURENÇO

Aqueles que finalizaram a prova podem sair para o intervalo.

Quem terminar a prova pode sair para o intervalo.

---

Os meninos e as meninas brincavam na praça. Eles correram quando Luan chegou.

As crianças brincavam na praça. Elas correram quando Luan chegou.

---

Na Páscoa, sempre comemora com sua gente.

Na Páscoa, sempre comemora com os seus.

---

A minoria gosta de jogar basquete na quadra.

Poucos gostam de jogar basquete na quadra.

---

O corpo docente da escola aderiu à greve.

Os professores da escola aderiram à greve.

---

A vida toda foi dedicada aos outros.

A vida toda foi dedicada a outras pessoas.

---

A classe trabalhadora questiona as mudanças na Previdência.

Os trabalhadores questionam as mudanças na Previdência.

---

Os catarinenses valorizam os saberes populares.

Os saberes populares são valorizados em Santa Catarina.

---

Quando a pessoa se sente só, vale buscar com quem dialogar.

Quando o homem se sente só, vale buscar com quem dialogar.

---

Os jovens sabem se expressar por meio de suas vestimentas.

A juventude sabe se expressar por meio de suas vestimentas.

# Você sabia?

Na língua inglesa, existe um pronome neutro de tratamento para meninos e meninas: "they", a terceira pessoa do plural, usado para eles e elas. Recentemente, um novo pronome foi criado para dar conta da linguagem não binária, que não define os gêneros feminino e masculino: *Mx* (pronuncia-se "mux" ou "mix"), neutro de senhor (*Mister*) ou senhora (*Miss*). O pronome está registrado no dicionário *Oxford*.

©ERIKA LOURENÇO

A linguagem inclusiva de gênero:
- desconstrói o masculino como universal ou neutro;
- inclui a mulher nas referências dos textos para visibilizá-la;
- busca o uso de substantivos sem gênero.

©JULYMILKS/SHUTTERSTOCK

## Guia de linguagem não binária

Quer saber mais sobre o não binarismo? Confira um vídeo no Canal das Bee que é uma espécie de guia básico sobre o uso da linguagem não binária.

**Saiba mais em:**

http://mod.lk/lbinaria

# Discursos virais

Desde os anos 1990, a popularização da internet possibilitou a conexão entre diferentes mundos e grupos, assim como a disseminação de muitas vozes e discursos. Com as redes sociais, ativistas de muitas causas passaram a também defender temas urgentes na arena virtual.

Foi o que ocorreu com uma palestra da escritora nigeriana **Chimamanda Ngozi Adichie**, "Sejamos todos feministas", em que conta sobre os tratamentos diferenciados que recebeu por ser mulher. E ela fala também dos meninos, obrigados a papéis rígidos de uma masculinidade sem margem para a vulnerabilidade.

Esse discurso fez tanto sucesso na internet que há uma versão em *e-book* disponível (editada pela Companhia das Letras). Vale ler e guardar.

Veja em:

http://mod.lk/
ngoziad

Diversos outros discursos viralizaram e ganharam o mundo. São palavras de mulheres que tiveram a coragem de expor questões complexas e delicadas em eventos públicos, de grande audiência. Confira alguns!

**Emma Watson na ONU**
A atriz Emma Watson, a Hermione da saga Harry Potter no cinema, fez um discurso emocionante sobre igualdade de gênero durante sua nomeação como embaixadora da Boa Vontade na ONU, em 2014.

Veja em:

http://mod.lk/
emmawats

**A coroação de Viola Davis**
Em 2015, quando a atriz americana Viola Davis recebeu um Emmy por sua atuação em *How to get away with murder*, emocionou o público ao discursar sobre a diferença de oportunidades para mulheres brancas e mulheres negras.

Confira em:

http://mod.lk/
violadav

# Feminismo é coisa de todos?

O feminismo está na boca de todos e todas, gostem do tema ou não. Isso porque as questões feministas não dizem só respeito às meninas ou mulheres, mas a todas as pessoas que buscam viver numa sociedade menos desigual, sem preconceito nem violência. O que diferentes influenciadores digitais, mulheres ou homens, das mais diversas áreas de atuação, têm dito sobre tantas questões relacionadas ao feminismo?

©ANA THOMAS TERRA

# Mulheres empoderadas

"FEMINISMO É UMA OUTRA PALAVRA PARA IGUALDADE."

**Malala Yousafzai**, ativista paquistanesa que luta pelo direito das meninas à educação, em conversa com a atriz britânica Emma Watson.

"ENQUANTO EU ESTOU NA LINHA DE PARTIDA, VOCÊ (A MULHER BRANCA) JÁ ESTÁ NO MEIO DA CORRIDA (...). ENTÃO A GENTE PRECISA ABRIR MÃO DESSE PRIVILÉGIO DE COMEÇAR NO MEIO DA CORRIDA, VOLTAR UM POUQUINHO, ANDAR PARA TRÁS, CHEGAR NO PONTO DE PARTIDA E SE COLOCAR LADO A LADO COM UMA PESSOA QUE ESTÁ ATRÁS DE VOCÊ E FALAR: 'A GENTE ESTÁ JUNTO. VAMOS COMEÇAR DO MESMO LUGAR?'"

**Bia Ferreira**, cantora

"MULHERES SE SENTEM EMPODERADAS QUANDO ELAS PODEM FAZER AS COISAS QUE SUPOSTAMENTE SÃO PERMITIDAS SÓ PARA OS HOMENS. O EMPODERAMENTO QUEBRA LIMITES E FRONTEIRAS, É LIBERTADOR QUANDO VOCÊ SE SENTE TIPO 'NOSSA, TAMBÉM POSSO FAZER AQUILO'."

**Rihanna**, cantora, compositora, empresária e atriz nascida em Barbados.

"A GENTE LUTA POR UMA SOCIEDADE EM QUE AS MULHERES POSSAM SER CONSIDERADAS PESSOAS."

**Djamila Ribeiro**, filósofa, autora do livro *Quem tem medo do feminismo negro?* (Companhia das Letras), em entrevista ao jornal *O Globo*.

"NENHUM PAÍS PODE REALMENTE FLORESCER QUANDO SUFOCA O POTENCIAL DAS MULHERES E SE PRIVA DAS CONTRIBUIÇÕES DE METADE DOS CIDADÃOS."

**Michelle Obama**, advogada e escritora americana, ex-primeira dama dos Estados Unidos.

# "Ativismo hashtag"

Expressão cunhada pelo jornal britânico *The Guardian*, em um artigo publicado em 2011, o "ativismo *hashtag*" é uma das táticas de combate aos preconceitos nos dias de hoje. Com o uso de frases de impacto que impulsionam o ativismo digital, diversos movimentos, manifestações e campanhas foram lançados mundo afora, defendendo as mais variadas causas, muitas delas bandeiras levantadas pelas mulheres. Confira algumas *hashtags* que já entraram para a história do século XXI:

## #MeToo

Movimento criado em 2006 nos Estados Unidos pela feminista negra Tarana Burke, inspirada pelo desejo de transformar sua própria comunidade, chama a atenção para a violência sexual contra as mulheres e é global, disseminou-se pelo mundo. Foi uma forma de dar voz às vítimas por meio da empatia entre mulheres.

## #PrimeiroAssédio

No Brasil, em 2014, os comentários de cunho sexual direcionados a uma menina de 12 anos, participante de um *reality show*, provocaram a criação da #PrimeiroAssédio pelo *site* Think Olga. A ação trouxe à tona dados alarmantes de pedofilia: segundo o Ipea (Instituto de Pesquisa Econômica Aplicada), em 2018 já se contabilizavam 500 mil mulheres vítimas de estupro a cada ano no país e, desse total, 51% menores de 13 anos.

## #ElesporElas

#ElesporElas (#HeforShe) é um movimento global em defesa da igualdade de gênero. Criado pela ONU, engajou meninos e homens numa discussão que não é só das meninas e das mulheres. O objetivo do movimento é garantir o compromisso de 1 bilhão de homens em apoiar a igualdade de gênero e o empoderamento das mulheres em diferentes espaços.

# Qual é o limite entre assédio e paquera hoje?

Uma das questões centrais desses movimentos é o tênue limite entre a paquera pura e simples e o assédio, que é tipificado como crime. Há algumas coisas que nos ajudam a diferenciar paquera de assédio. A maior delas é o consentimento. A paquera chega numa aproximação respeitosa, muitas vezes com elogios. Assédio é quando o limite é ultrapassado, e essa aproximação é agressiva, quase sempre de maneira direta, deixando a pessoa sem jeito, acuada. **Não é não**.

## Você sabia?

Em maio de 2001, a Câmara dos Deputados aprovou no Brasil o projeto sobre assédio, transformando-o em crime, com pena de um a dois anos de prisão. A Lei nº 10.224 define assim o que é assédio: "Constranger alguém com o intuito de obter vantagem ou favorecimento sexual, prevalecendo-se o agente de sua condição hierárquica ou ascendência inerentes a exercício de emprego, cargo ou função".

©ERIKA LOURENÇO

Educação de gênero

As questões de gênero podem ser percebidas em diversos momentos da nossa vida, muito além dos muros da escola.

Na escola, essas discussões garantem um ambiente plural que pode acolher as diferenças – e ainda combater o machismo, o racismo, a violência contra a mulher e a homofobia, dentre outras agressões. Como é na escola que vários grupos convivem diariamente, tal debate pode ajudar a acabar com o alto número de agressões verbais sofridas por LGBTQIA+s no espaço escolar, que, segundo pesquisas, chega a 73%!

Começa já na barriga da mãe ("ah, vai ser uma menina tão delicada..."), passa pela preparação do enxoval (todo azul, se for menino) e é percebida nos presentes de aniversário (panelinha para elas; carrinhos para eles), até chegar à sala de aula ("meninos sempre se dão bem nos campeonatos de matemática!") e ao recreio (quem é que lidera a quadra de futebol?).

©ERIKA LOURENÇO

# Debate na escola

Um movimento recente no país, batizado de Escola Sem Partido, declara ser "uma iniciativa conjunta de estudantes e pais preocupados com o grau de contaminação político-ideológica das escolas brasileiras". Seus integrantes acusam os professores de "doutrinação ideológica" e afirmam serem contrários à suposta "ideologia de gênero" na sala de aula.

É como se a escola tivesse o papel de destacar algumas ideias em detrimento de outras apenas porque um determinado grupo de pessoas acredita que essas ideias "são nocivas" à formação das crianças e jovens. Como se a formação ampla de um indivíduo passasse por censuras prévias. A educação deve estar a serviço da liberdade: de ideias, posturas e atitudes.

A escola é um espaço de construção de pensamento crítico e participação política e cidadã. Os professores, funcionários e alunos precisam contribuir para a criação de um espaço de troca de conhecimento, criatividade e diálogo, sobretudo permitindo a construção do conhecimento. Seja pública, seja privada, a escola é um espaço em que a troca livre de saberes e pontos de vista precisa ser privilegiada.

O que podemos fazer a respeito? Qual é a sua opinião sobre isso?

Em abril de 2020 o STF (Supremo Tribunal Federal) vetou o projeto Escola Sem Partido, afirmando que ele viola princípios e dispositivos constitucionais como o direito à igualdade, a vedação de censura em atividades culturais, a laicidade do estado, a competência privativa da União para legislar sobre diretrizes e bases da educação nacional e o direito à liberdade de aprender, ensinar, pesquisar e divulgar o pensamento, a arte e o saber. Alguns estados ainda tentam a tramitação do projeto de lei.

# As diferentes formas de viver a masculinidade

> **VOCÊ É UM HOMEM OU UM SACO DE BATATAS?**

> **HOMEM DE VERDADE NÃO DÁ FRAQUEJADA**

> **SEJA HOMEM!**

Frases como essas são frequentemente dirigidas a meninos e homens. Ditas por homens ou ditas por mulheres, são pensamentos como esses que formam uma ideia única de masculinidade, definindo o homem como aquele ser fortão, destemido e invencível, proibido de chorar e abraçar os amigos, passível de esconder todos os sentimentos, que, aliás, são "coisas de mulher". É como se o contrário de tudo isso fosse ser "menos homem".

Os filmes, as séries de TV, as histórias em quadrinhos e os desenhos animados, entre diversos outros produtos culturais, colocam o homem no lugar de herói, "garanhão", predador, controlador, líder, durão, intimidador, provedor. São características baseadas na virilidade, reafirmadas por valores como poder e força. Colocando tudo isso numa espécie de liquidificador, surge uma mistura meio indigesta, atualmente batizada de "masculinidade tóxica", que pode levar à opressão e à violência contra quem é diferente.

A masculinidade tóxica faz mal às meninas e às mulheres, claro, pois promove hábitos do machismo, coisas como se negar a lavar a louça de casa, monitorar a roupa usada pela namorada ou querer dar sempre a palavra final. Mas a masculinidade tóxica é tão ou mais nociva aos próprios homens. Segundo o Atlas da Violência de 2017, eles são os que mais matam e os que mais morrem. Criados como valentões, por vezes mais aptos a atitudes agressivas, são dez vezes mais vítimas da violência cotidiana do que as mulheres. Questionar a masculinidade tóxica convida a repensar como os meninos são educados e rompe com as amarras dos estereótipos de gênero.

No debate sobre as questões de gênero, no entanto, é cada vez mais crescente a discussão sobre as diferentes formas de masculinidades – no plural mesmo. Grupos de homens têm se espalhado pelo país, inclusive nos espaços escolares, para discutir como exercitar de forma saudável as masculinidades (o contrário da tóxica).

©ERIKA LOURENÇO

O Projeto Okara trata da saúde física, mental e emocional dos meninos, atuando em parceria com as escolas. É um convite a uma jornada de autoconhecimento, libertando-os de velhos padrões sociais.

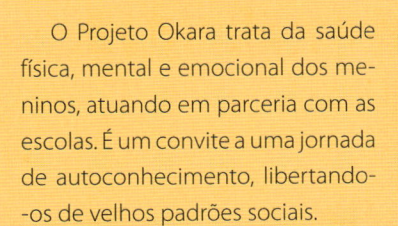

## Então, que tal repensar?

Meninos e homens:

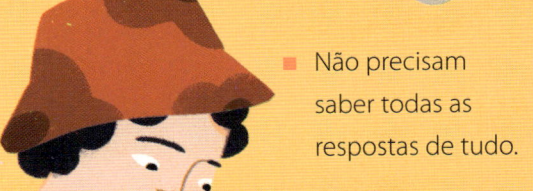

- Não precisam saber todas as respostas de tudo.

- Não precisam provar nada pra ninguém, muito menos que são homens.

- Não têm que ser sempre fortes e imbatíveis.

- Não precisam agir de impulso, sem pensar, ou só pela força.

# Números silenciosos da masculinidade

Durante a realização do documentário "O silêncio dos homens" (Ian Leite e Luiza de Castro; 2019), disponível gratuitamente *on-line*, foi feita uma enquete pelo *site* Papo de Homem, com cerca de 20 mil homens com idade a partir dos 14 anos, heterossexuais e não heterossexuais, nas cinco regiões brasileiras. O resultado mostra o quanto eles ainda sofrem em silêncio por terem sido ensinados a não demonstrar fragilidade. Por exemplo, 40% dos homens se sentem solitários sempre ou muitas vezes. Confira a seguir outros dados do estudo.

Como menino, fui ensinado a:

- Não demonstrar emoções (**57% concorda totalmente ou em parte**).
- Não demonstrar fragilidade (**72% concorda totalmente ou em parte**).
- Não me comportar com modos que pareçam femininos (**78% concorda totalmente ou em parte**).
- Ser bem sucedido profissionalmente (**84% concorda totalmente ou em parte**).

ERIKA LOURENÇO

# Raio-X da masculinidade no Brasil

Homens sofrem em silêncio por terem sido ensinados
a não demonstrar fragilidade

Como menino, fui ensinado a
**não demonstrar fragilidade**

Em %

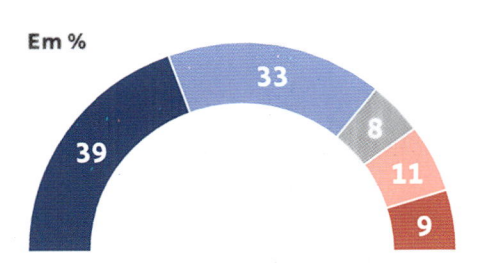

Como menino, fui ensinado a
**não me comportar de modos
que pareçam femininos**

Em %

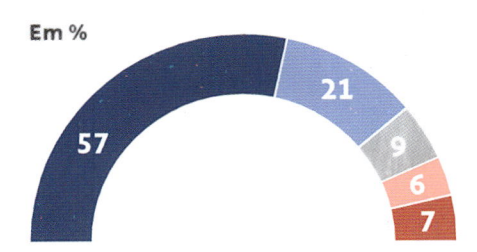

Como menino, fui ensinado a
**não expressar emoções**

Em %

**Solidão** dos homens

**40%** dos homens se sentem solitários sempre ou muitas vezes

■ Concordo totalmente     ■ Nem concordo nem discordo     ■ Discordo totalmente

■ Concordo em parte     ■ Discordo em parte

## Homem também sofre por amor...

Neste livro, dois adolescentes têm o mesmo nome e enfrentam as dores do amor. Os dramas da adolescência são tratados com boa dose de humor na história em que um dos personagens, Will, é amigo do mais expansivo *gay* de sua escola, enquanto o outro Will tem a missão de explicar à mãe sobre sua orientação sexual. As histórias se entrecruzam ainda mais quando Tiny, o amigo *gay* de Will, vira o possível amor do outro Will. Uma história sobre aceitar as diferenças.

John Green e David Levithan. *Will & Will* – Um nome, um destino. Trad. Raquel Zampil. Rio de Janeiro: Galera Record, 2013.

## Palavra de 2018

A palavra *toxic* (tóxico) foi eleita, em 2018, a palavra do ano pelo dicionário *Oxford*, devido aos diferentes contextos em que foi largamente usada, tanto ligada ao meio ambiente quanto para caracterizar o comportamento masculino.

©ERIKA LOURENÇO

### Jesus chorou

"Diz que homem não chora
Tá bom, falou
Não vai pra grupo, irmão
Aí, Jesus chorou"
(...)

("Jesus chorou", Racionais Mc's)

*"... Minha porção mulher que até então se resguardara/ é a porção melhor que trago em mim agora/ é o que me faz viver..."* ("Super-Homem – a canção", Gilberto Gil, cantor e compositor)

*"Meu único lugar de fala enquanto homem branco, hétero, é poder falar dos homens e o que está acontecendo com eles. Porque as coisas mudaram e ainda bem que mudaram, tá tudo muito rápido, já não era sem tempo, e, no fundo, ainda tem tanto pra acontecer"* (Fábio Porchat, comediante, em entrevista sobre a série de TV *Homens?*).

*"A minha virilidade, contraditoriamente, passou a servir também como um instrumento para que eu pudesse combater o mundo heterocentrado, patriarcal"* (João Nery, escritor e ativista LGBTQIA+).

## FIQUE LIGADO

## Meninos não choram?

Para refletir mais sobre as várias formas de ser menino, vale conhecer filmes, documentários, desenhos animados, enfim, diferentes produções que discutem sobre o quanto eles sofrem e podem também fazer sofrer. Algumas dessas produções apontam que debater masculinidade tem a ver com pensar problemas sociais que estão nas famílias, no modo de convivência na escola, nos traumas e nas violências das quais meninos, meninas, menines, homens e mulheres são vítimas.

**A máscara em que você vive.** 2015. Direção de Jennifer Siebel Newsom. 14 anos. Netflix

O documentário discute a ideia do macho dominante que afeta psicologicamente crianças e jovens nos Estados Unidos. Entre outras coisas, traz dados alarmantes sobre uma cultura da violência como válvula de escape e a afirmação de virilidade, dando exemplos do quanto isso distancia e oprime meninos e jovens numa construção identitária de si mesmos.

## Hoje eu quero voltar sozinho.
2014. Direção de Daniel Ribeiro.
12 anos. Netflix

Leandro, um menino cego, está buscando sua independência na escola e na relação com sua melhor amiga, Giovana, até que percebe seu mundo mudar completamente com a chegada de Gabriel. Por meio da história universal da descoberta do primeiro amor, o longa-metragem mostra o quanto crescemos e nos conhecemos quando descobrimos a possibilidade de amar e ser amado.

## Steven Universe.
2013. Série de desenhos animados criados por Rebecca Sugar.
Cartoon Network

Steven, um garoto de 13 anos, é filho de uma poderosa guerreira alienígena que jurou proteger a Terra de seu planeta natal, e um jovem músico humano, Greg Universe. Órfão de mãe, Steven é criado por seu pai e as Crystal Gems, três guerreiras alienígenas parceiras de sua mãe, guardiãs do Universo. A série de desenhos animados trata sobre temas de sexualidade, identidade de gênero e outras formas de constituição familiar.

# Destemidos: meninos e menines que rompem com padrões de gênero

Assim como as atrizes de Hollywood, os meninos e menines também estão questionando publicamente os estereótipos de gênero. Veja abaixo três exemplos nos quais eles se expõem publicamente para que toda a sociedade possa se perguntar se é justo julgar alguém apenas por seu sexo, aparência ou atitude. E você, o que acha disso?

### JADEN SMITH

Filho do ator Will Smith, o americano Jaden Smith está sempre metido nas discussões de papéis de gênero. Em 2016, posou para a campanha de uma marca famosa usando saia. Já disse em entrevista: "Desde muito pequeno eu me questiono: quem criou todas essas regras? Quem estava aqui e inventou tudo isso?".

### RINCON SAPIÊNCIA

O *rapper* paulistano Rincon Sapiência, que diz que a cultura *hip-hop* o ajudou a desconstruir padrões machistas, aparece de saia na capa do seu disco de estreia *Galanga livre*. Ele conta que, ao usar essa peça "feminina" em *shows*, tem enfrentado resistência. Para o *rapper*, a arte é uma ferramenta potente para provocar a sociedade a pensar.

### PABLLO VITTAR

O cantor Pabllo Vittar se monta de *drag queen* e faz suas apresentações musicais cheias de brilho e dança. Muita gente questiona sua identidade de gênero, confundindo com a de uma pessoa trans. Sobre isso, Pabllo esclarece: "Eu sou um menino *gay* que faz *drag*. Não tenho vontade de fazer cirurgias no meu corpo".

# Representações de homens e

## Mito do "eterno feminino"

Como você já deve ter percebido, ao falar sobre as questões de gênero, estamos também falando de estereótipos e representações do ser feminino e do masculino que foram construídas ao longo da história, variando de cultura para cultura. É como se as diferenças biológicas dos sexos justificassem as diferenças de comportamento na sociedade.

Estamos falando que a maneira como as pessoas constroem a si próprias a partir de normas de conduta, de estereótipos e das expectativas do que é ser homem ou mulher acabam moldando as relações e gerando preconceitos. Cada vez mais são questionadas as representações de meninas e mulheres na TV, no cinema, nas revistas, nas histórias em quadrinhos e em outros canais poderosos na construção das identidades femininas. Identidades estas na maioria das vezes tratadas sem levar em conta a diversidade de ser,

# mulheres ao longo da história

pensar e se manifestar, como se existisse um "eterno feminino", que reúne qualidades abstratas como suavidade, doçura e fragilidade, como se a mulher fosse uma coisa só. "A arte imita a vida", dizem por aí. Por isso é tão importante analisar o que lemos, vemos, ouvimos e também reproduzimos.

Um exemplo mais específico? O estudo "Preconceito de gênero sem fronteiras: uma pesquisa sobre personagens femininos em filmes populares em 11 países" [entre eles o Brasil], realizado entre os anos 2010 e 2013 pelo Instituto Geena Davis de Gênero na Mídia, chama a atenção para a sexualização precoce de adolescentes entre 13 e 20 anos. Nos filmes, as mulheres são também sub-representadas (aparecem menos do que os homens) e figuram mais em filmes de comédia e drama (pouco em histórias de ação e aventura).

Em entrevista ao jornal *Folha de S.Paulo*, de 8 de março de 2016, a atriz Geena Davis, fundadora do instituto, disse:

"QUEREMOS MELHORAR O *STATUS* QUE UMA MULHER PODE TER GLOBALMENTE. UMA BOA MANEIRA É MOSTRAR GAROTAS REALIZANDO COISAS IMPORTANTES, VIVENDO AVENTURAS, PROTAGONIZANDO HISTÓRIAS E TOMANDO SEU ESPAÇO NO MUNDO".

É ESTRANHO PENSAR QUE TODAS AS GRANDES MULHERES DA FICÇÃO TENHAM SIDO, ATÉ O ADVENTO DE JANE AUSTEN, NÃO SÓ RETRATADAS PELO OUTRO SEXO, MAS APENAS DE ACORDO COM SUA **RELAÇÃO** COM O OUTRO SEXO

Romeu ♥    Bentinho ♥    Martim ♥    Rei Artur ♥

### QUAL É O MEU GÊNERO?

Louie é uma *youtuber* LGBTQIA+ que discute muitas coisas em seu canal, inclusive as questões de sexualidade e gênero. Nesse vídeo, ela responde a perguntas que o público enviou. São dúvidas sobre como a construção de gênero criou implicações e reflexões desde sua infância. Louie é muito sincera e levanta muitas discussões que nos ajudam a entender como ela se sente.

Veja o vídeo em:

http://mod.lk/louie

# Os poderes das heroínas

De muitos cantos do planeta, originárias das HQs, do cinema, da TV, dos livros e das animações, são muitas as heroínas que estão na luta contra os estereótipos de gênero. Porém, muitas vezes não é fácil fazer essa desconstrução sem cair, de novo, em um outro estereótipo. O fato de um herói ou heroína ter uma postura contestatória ou mesmo diferente em relação a padrões impostos pela cultura não garante que o preconceito será abolido; às vezes ficam resquícios nas roupas, na fala, nas atitudes. É preciso que a sociedade se conscientize de que essa desconstrução também leva tempo!

A seguir, algumas heroínas que questionaram – e continuam a questionar – certos padrões do feminino:

©EVERETT COLLECTION/FOTOARENA

## Mulher Maravilha

A super-heroína da DC Comics, que nasceu em uma ilha só de mulheres, foi embaixadora honorária da ONU por um tempo. Mas a escolha foi polêmica e o título durou pouco, por se tratar de uma figura feminina branca que usa roupas curtas e tem tendência à violência. Surgiu como heroína em tempos em que os heróis comandavam os quadrinhos.

**Ano de criação:** 1941
**Traje:** Saia curta e corpete justo ao corpo.
**Poderes especiais:** Telepatia e rajadas cósmicas dos braceletes.

©ALL STAR PICTURE LIBRARY/ALAMY/FOTOARENA

## Princesa Leia

Personagem da série de filmes *Star Wars* (Guerra nas Estrelas), Leia Organa é irmã gêmea de Luke Skywalker. Também carrega o título de general e senadora. Não é daquelas princesas indefesas e sabe empunhar uma arma. Participa ativamente da história, dando um sentido político a suas ações.

**Ano de criação:** 1977
**Traje:** Normalmente, usa uma roupa branca; muita gente considerou sexista a cena em que foi capturada e apareceu presa com um biquíni metálico.
**Poder especial:** Autonomia.

©WARNER BROS. PICTURES/ALBUM/FOTOARENA

## Hermione Granger

Personagem da série do bruxinho Harry Potter, é filha de pais trouxas (sem poderes mágicos) e sempre se destacou por sua dedicação aos estudos. É responsável por salvar Harry Potter em muitos episódios perigosos em que ele se mete. Além de sabida, é muito corajosa.

**Ano de criação:** 1997
**Traje:** Como o de qualquer outro aprendiz de bruxo.
**Poder especial:** Inteligência, sempre tem boas ideias para resolver as encrencas da turma.

Os anos de criação indicados se referem à primeira obra em que a personagem aparece. No caso das HQs, é referente ao próprio quadrinho, e não à adaptação para o cinema.

# Shuri

Princesa africana da saga do super-herói Pantera Negra, da Marvel. Vive no reino de Wakanda (país fictício da África, em termos sociais e tecnológicos). Sabe, como ninguém, fazer uso da tecnologia de ponta de seu país e tem conhecimento das artes marciais. Sua pele é de pedra e por isso é muito resistente.

**Ano de criação:** 2005
**Traje:** Mistura elementos futuristas (como as armas de vibranium, metal superforte típico de Wakanda) e tradicionais da cultura africana.
**Poderes especiais:** Inteligência, resistência e força.

# Kamala Khan

É a primeira personagem muçulmana a protagonizar uma história da Marvel. Antes de estrelar uma história só dela, fez uma pontinha em um episódio dos quadrinhos da Capitã Marvel.

**Ano de criação:** 2013
**Traje:** Vestido justo – não lá muito confortável para o combate, né?
**Poderes especiais:** Cura e troca de aparência (diminui e aumenta partes do corpo).

# Corpos femininos como objetos sexuais

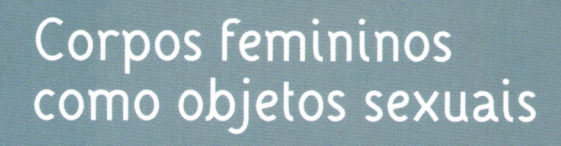

"Agora, vocês do auditório, que estão com o aparelhinho [de votação], vão ver quem tem as pernas mais bonitas, o colo mais bonito, o rosto mais bonito e o conjunto mais bonito." Essa frase, dita durante um concurso de beleza, foi proferida em 2019 por um conhecido apresentador de programas populares de televisão, Silvio Santos, do canal SBT.

Já não bastasse o fato de a frase ser chocante o bastante por apresentar o corpo feminino como objeto sexual, de desejo, "as pernas mais bonitas" em questão eram de meninas com menos de dez anos de idade, todas vestindo maiôs. Em tempos de números alarmantes de pedofilia, crime cometido contra crianças impulsionado num contexto em que há distorções das representações do feminino, a situação é ainda mais problemática. O episódio viralizou nas redes sociais.

©ANA THOMAS TERRA

# Questões de gênero ligadas às artes

Aquela cantora transgressora, aquele filme revelador ou aquela música provocadora nos fazem pensar para além da nossa vida, nos aproximam de outras realidades, questionam modos de sentir, ampliam os jeitos de ver o mundo. Sim, as artes, em suas muitas linguagens (o teatro, o cinema, a música, a literatura, as artes plásticas etc.), comunicam e discutem os desafios do nosso tempo. Por isso, claro, também entraram no debate sobre gênero. Basta ver o quanto as produções culturais têm sido julgadas, censuradas e vetadas, porque elas refletem os comportamentos reais, mesmo quando falam de ficção.

# Meninas contra-atacam

Muitos coletivos de artistas tratam das questões de gênero. Um deles é Guerrilla Girls, um grupo anônimo de artistas mulheres dedicadas à luta contra o sexismo e o racismo no mundo da arte. O grupo formou-se em Nova York em 1985 com a missão de colocar foco na desigualdade racial e de gênero no mundo das artes. Cria pôsteres, livros, *outdoors*, aparições públicas para expor a discriminação e a corrupção. Para garantir seu anonimato, os membros usam máscaras de gorila e pseudônimos de artistas falecidas.

# Como dizer quem você é

Na literatura, há obras que abordam as questões transgêneros para adolescentes. Uma delas é *George* (Galera Junior), de Alex Gino, uma autora do gênero *queer* que conta de maneira delicada a dificuldade de se falar ao mundo que é uma pessoa trans. Isso porque, quando as pessoas veem George, veem um garoto. Mas George sabe que é uma garota e sofre em ter de guardar esse segredo. Até que um dia a professora anuncia que irão montar uma peça na escola. E George quer muito fazer a personagem protagonista: Charlotte.

# Moda para todos

Se a moda é questionada por ainda disseminar termos considerados machistas como "tomara que caia" e "baby doll", que colocam a mulher a serviço dos desejos masculinos, há todo um movimento inspirado em peças sem gênero, que parte de várias marcas e lojas de departamento tanto de fora como daqui no Brasil. Por exemplo, os criadores da marca americana Too Good afirmam: "Criamos peças que, de forma livre, estão disponíveis para todo mundo. Homem e mulher. Velho e novo. Nós celebramos o artesanato e o trabalho, e não somos servos do modismo descartável. A marca tem postura inovadora quanto a métodos de venda, produção e *design*".

# Em tempos de guerra cultural

Como você viu até aqui, o cenário no qual vivemos é o de uma guerra diferente, que tem como campo de embate a própria sociedade.

A batalha? É por ideias, que explodem feito bombas. É a chamada guerra cultural, um conflito sobre visões de mundo, um combate por valores. Em meio a essa guerra, com discussões acaloradas sobre aborto, casamento *gay*, educação sexual e a própria definição de família, entram em debate também as questões de gênero.

É preciso entender que as questões de gênero trazem embutidas em si a temática crucial das desigualdades entre os seres humanos. "No terreno da desigualdade de gênero encontramos a desvalorização salarial, repressões, discriminações e violências, temas que historicamente têm mobilizado movimentos reivindicatórios, lutas e disputas por igualdade" (Beatriz Accioly Lins, Bernardo Fonseca Machado e Michelle Escoura. *Diferentes, não desiguais:* a questão de gênero na escola. São Paulo: Reviravolta, 2016).

Nesse sentido, as artes (o teatro, as artes plásticas, o cinema) são vistas como poderosas armas de manipulação, especialmente nos dias de hoje, em que circulam com maior amplitude e escala, por conta da internet. É por isso que diversas manifestações artísticas, como exposições, espetáculos, livros e filmes, têm nos últimos tempos gerado polêmica, pois mexem com os costumes das pessoas, o modo de elas verem e viverem o mundo.

©LAERTE

# Quais são os embates?

**"Meninos podem brincar de casinha?"**

Esses choques culturais trazem para o debate público perguntas como:

**"Família é só aquela composta por homem, mulher e filhos?"**

**"A sala de aula é lugar para se discutir o racismo?"**

**"A escola é e deve ser laica (que não professa nenhuma religião)?"**

**"Crianças e jovens podem aprender sobre sexualidade na escola?"**

São questões diferentes, é verdade, algumas mais ligadas ao âmbito da vida pública, outras, da vida privada. Todas, no entanto, dividem as opiniões das pessoas de modo apaixonado, assim como a de torcidas numa partida de futebol.

O que está em jogo, no entanto, é algo sério e diz respeito à vida de muita gente. Não é preciso brigar nem desfazer amizade para defender um ponto de vista. Mas, para entrar nesse debate, é importante se munir de muita leitura e informação, já que desinformação em forma de *fake news* já tem demais por aí, não é?

# Como isso começou...

Guerra cultural é uma referência à *Kulturkampf*, um termo que tem origem na Alemanha do século XIX, quando católicos e protestantes entraram num embate sobre a orientação religiosa nas escolas. Mas a referência mais próxima de guerra cultural foi a vivida nos Estados Unidos, nos idos de 1980. Naquela época, houve uma polarização (divisão) do país em relação a temas como direito ao aborto, casamento *gay* e adoção de cotas raciais nas universidades, entre outros assuntos já debatidos calorosamente desde 1960 por lá.

©ANA THOMAS TERRA

# Princesas e príncipes: estereótipos em transformação

Os contos de fadas são representações ancestrais dos papéis sociais femininos e masculinos, além de representações simbólicas das características de cada um desses modos de agir perante a vida. Por isso, por atuarem no campo das representações, também estão mudando e sendo questionados atualmente. Parece que a possibilidade de a princesa salvar o príncipe, ou melhor, de a princesa e o príncipe não terem de salvar ninguém, apenas a si próprios, tem sido considerada e vivenciada por homens e mulheres do nosso tempo.

E, mais uma vez, vemos como a arte tem representado essas transformações, retratando essa desconstrução, que é tão saudável para o fim dos estereótipos.

Da doce Branca de Neve (1937) para a destemida Moana (2017), o que mudou na representação das protagonistas dos filmes dos estúdios Disney?

Vamos pensar na história da Branca de Neve: ela e a madrasta disputam o lugar de a mais bela do reino, reforçando a ideia de que mulheres são sempre rivais; o caçador tem dó da menina e a liberta na floresta, onde ela vira dona de casa, cuidando dos sete anões. Quem a salva? Um príncipe, que a desperta num beijo. E vivem felizes para sempre.

Com os movimentos feministas, no entanto, as princesas foram ganhando um jeitão mais rebelde a partir de 1990: Ariel ("A pequena sereia", 1989), Bela ("A bela e a fera", 1991), Jasmine ("Alladin", 1992), Pocahontas (1995) e Mulan (1998). E dos anos 2000 em diante, mudaram ainda mais: Tiana, de "A princesa e o sapo", é uma heroína negra que batalha por sua independência financeira. Rapunzel, de "Enrolados", tem poderes para além do encantamento da beleza na cabeleira. Merida, de "Valente", não é do tipo que se sujeita às regras de etiqueta nem tem par romântico. Elas lutam por seus sonhos, já sabem se defender dos perigos, desafiam regras dos pais.

E como ficam os príncipes encantados nessa história toda? No lugar de coadjuvantes, cada vez mais eles têm a imagem de herói salvador desconstruída. Não são mais tão perfeitos, prontos para salvar donzelas indefesas. Ou seja, também foram libertos de um só papel nas histórias.

## PARA SABER MAIS

### Espelhos e janelas

Coragem, garra, humor e inteligência: esses são alguns dos principais ingredientes das heroínas deste livro, que reúne contos sudaneses, dos povos nativos das Américas, japoneses, irlandeses e de outros cantos.

O prefácio do livro, escrito por Gayle Forman, diz o seguinte: "As histórias são importantes. São importantes por serem espelhos e janelas". E "ainda são a maneira como explicamos quem somos e quem desejamos ser". Contos como Unanana e o elefante indicam "as diversas maneiras possíveis de ser valente, gentil, forte e elegante, de salvar alguém, de ser uma heroína, de ser uma menina e de ser menino".

PHELPS, Ethel Johnston. *Chapeuzinho esfarrapado e outros contos feministas do folclore mundial*. São Paulo: Seguinte, 2016.

# Debate sem fim

Como podemos descobrir nas páginas anteriores, as questões de gênero surgem a todo momento em nosso dia a dia, em casa, na escola, nas redes sociais, nas conversas ou na forma de fazer política. Afetam as relações entre as pessoas, promovendo (des)igualdades.

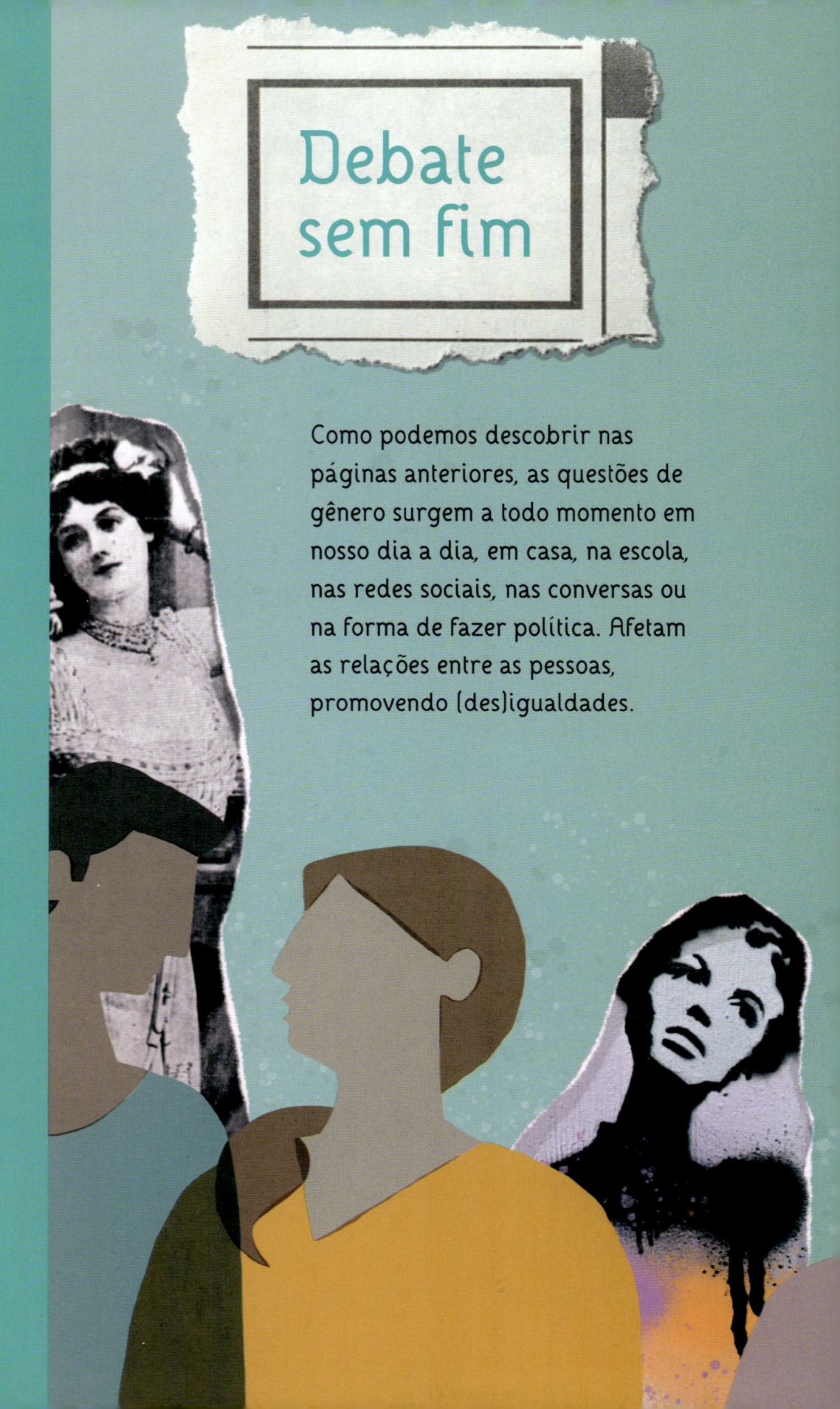

Para vivermos numa sociedade mais equilibrada socialmente, em que todas as pessoas possam ter os mesmos direitos, é fundamental dialogar sobre o tema, rompendo com injustiças sociais.

Sim, dialogar. É preciso falar e ouvir, entender diferentes pontos de vista, procurar saber mais, duvidar de frases que parecem regras. E, assim, desconstruir estereótipos, questionar normas que fixam comportamentos (meninos não choram mesmo?), buscar acabar com a violência – de gênero, mas também de raça e de sexualidade.

Como essa questão não se encerra aqui, fica o convite para que você siga em diálogo com diferentes canais e pessoas que se dedicam a esse debate *on* e *off-line*. Opiniões tão diferentes como todas essas que você leu ao longo deste livro reafirmam a importância de escutar muitas versões e não achar que existe apenas uma verdade. Dialogar e debater é muito importante pra gente aprender e formar nossa própria opinião.

Por mais que esse tema pareça algo "difícil" de ser abordado, ele precisa estar na escola, nas famílias, nos clubes, nas associações. É importante frisar que a sexualidade e o gênero de um ser humano não o definem. Como diz o escritor e ativista João Nery:

"NÃO É UMA QUESTÃO DE TOLERÂNCIA; NINGUÉM QUER SER TOLERADO. AS PESSOAS QUEREM APENAS EXISTIR SEM SER AGREDIDAS".

Esse é um direito de cada um e de toda a sociedade, pelo qual todos devemos lutar.

*As autoras*

Para entrar numa conversa e defender um ponto de vista sobre as questões de gênero, é preciso hoje em dia estar sintonizado com diversos termos e expressões que são importantes nesse debate. Confira alguns deles.

**Androcentrismo:** é a visão de mundo que coloca o homem no centro de tudo, na cultura e na história, por exemplo. O uso de palavras no masculino (todos, aqueles) para incluir homens e mulheres é considerado androcentrismo.

**Masculinidade tóxica:** ocorre quando características como força, brutalidade e violência definem um modelo de ser menino ou homem. A masculinidade tóxica considera que sentir emoções (chorar, por exemplo) é sinônimo de fraqueza, tida como "coisa de mulher".

**Patriarcado:** termo que começou a ser usado entre os anos 1960 e 1970 para definir uma sociedade cujas normas partem da visão do homem. No patriarcado, o gênero masculino e a heterossexualidade são considerados predominantes.

***Mansplaining:*** a expressão tem relação com atitudes em que meninos e homens explicam coisas a meninas pelo fato de se acharem mais sabidos do que elas. O termo foi cunhado em 2008 por Rebecca Solnit, autora de *Os homens explicam tudo para mim* (Cultrix, 2017).

**Machismo:** considera que as mulheres são seres inferiores ao homem por natureza; é o oposto da busca pela igualdade de direitos entre gêneros. Em casa, por exemplo, o machismo leva a situações em que somente às meninas cabe a tarefa de lavar a louça.

**Misoginia:** é o ódio ou a aversão total contra meninas e mulheres, manifestado de variadas formas, por meio de violência (física ou psicológica), humilhação, marginalização e objetificação sexual, por exemplo.

**Sexismo:** é a discriminação das pessoas em razão do sexo, se feminino, se masculino. É o que faz surgir situações em que mulheres não atingem tão facilmente cargos de chefia (ou ganham menos) ou em que não se espera que um homem saiba trocar a fralda de um bebê.

**Objetificação:** é quando se reduz uma pessoa a uma coisa, a um objeto. O termo se refere à objetificação sexual feminina, considerando meninas e mulheres apenas por suas características físicas e atributos sexuais.

**Sororidade:** um forte elo entre meninas e mulheres, em busca de apoio mútuo. A palavra rompe com um velho preconceito acerca das meninas e das mulheres, a de que elas não conseguem ser amigas e por isso são rivais por natureza. "Sóror", em latim, significa "irmã".

**Cultura do estupro:** questiona frases como "mas o que você estava fazendo na rua com essa roupa a essa hora da noite?", entre diversas outras que colocam a menina ou a mulher vítimas de abusos como culpadas, além de banalizar o estupro.

**Feminicídio:** assassinato de meninas e mulheres devido simplesmente ao fato de serem meninas e mulheres, podendo ocorrer em relação a pessoas conhecidas ou não. O Atlas da Violência 2019 indica uma escalada do crime de feminicídio no país entre os anos de 2012 e 2017.

**Transfobia:** série de atitudes, sentimentos ou ações negativas em relação às pessoas trans, ou transexuais, ou em relação à transexualidade. Inclui medo, aversão, ódio, violência, raiva ou desconforto, sentidos ou expressos, em relação a pessoas que não estão em conformidade com a expectativa de gênero da sociedade.

**Homofobia:** termo usado para falar sobre a violência e o preconceito que pessoas LGBTQIA+ sofrem. A partir de uma cultura e lógica heteronormativa (quando a heterossexualidade é tida como padrão), a pessoa homossexual é colocada em uma posição de inferioridade.

# Referências bibliográficas

Por que, ao final dos livros, há sempre uma referência bibliográfica ou bibliografia consultada ou apenas bibliografia? Será que a gente tem de prestar atenção nisso?

SIM, com certeza! Ainda mais em tempos de internet, onde parece que todo mundo sabe sobre tudo e é fácil se perder num "mar de informações".

A bibliografia é o conjunto de referências que o autor usou para compor seu livro; são as fontes – que, espera-se, sejam sempre fidedignas, confiáveis – que ele usou para assegurar, ou não – o que diz no seu livro.

E elas são fundamentais para quem quer saber se pode confiar no que leu, para quem quer continuar aprendendo mais sobre o assunto ou ainda para quem quer ensinar sobre ele.

Então, bom proveito desta aqui, que preparamos cuidadosamente para você!

©FREEPIK

## LIVROS

ADICHIE, Chimamanda. **Para educar crianças feministas:** um manifesto. 1. ed. São Paulo: Companhia das Letras, 2017.

ADICHIE, Chimamanda. **Sejamos todos feministas**. 1. ed. São Paulo: Companhia das Letras, 2015.

ARRUZZA, Cinzia, BHATTACHARYA, Tithi e FRASER, Nancy. **Feminismo para os 99%:** um manifesto. 1. ed. São Paulo: Boitempo, 2019.

AUAD, Daniela. **Educa meninas e meninos:** relações de gênero na escola. São Paulo: Contexto, 2016.

BROCHMANN, Nina, DAHL, Ellen Stokken. **Viva a vagina:** tudo o que você sempre quis saber. 1. ed. São Paulo: Paralela, 2017.

BUENO, Winnie *et al.* **Tem saída?:** ensaios críticos sobre o Brasil. 1. ed. Porto Alegre: Zouk, 2017.

BUITONI, Ducília. **Mulher de papel:** a representação da mulher pela imprensa feminina brasileira. 2. ed.

BUTLER, Judith. **Problemas de gênero:** Feminismo e subversão da identidade. 12. ed. Rio de Janeiro: Civilização Brasileira, 2016.

CARARO, Aryane e SOUZA, Duda Porto de. **Extraordinárias:** As mulheres que revolucionaram o Brasil. 1. ed. São Paulo: Seguinte, 2017.

DAVIS, Angela. **Mulheres, raça e classe.** 1.ed. São Paulo: Boitempo, 2016.

FEDERICI, Silvia. **Calibã e a bruxa:** Mulheres, corpo e acumulação primitiva. 1. ed. São Paulo: Elefante, 2017.

HIRATA, Helena *et al.* **Dicionário crítico do feminismo**. São Paulo: Editora UNESP, 2009.

HOOKS, Bell. **O feminismo é para *todo* mundo:** políticas arrebatadoras. 4. ed. Rio de Janeiro: Rosa dos Tempos, 2019.

JORDAHL, Jenny e BREEN, Marta. **Mulheres na luta:** 150 anos em busca de liberdade, igualdade e sororidade. 1. ed. São Paulo: Seguinte, 2019.

LINS, Beatriz, MACHADO, Bernardo, ESCOURA, Michele. **Diferentes, não desiguais:** a questão de gênero na escola. 1. ed. São Paulo: Editora Reviravolta, 2016.

MARQUES, Teresa Cristina de Novaes. **O voto feminino no Brasil**. Brasília: Câmara dos Deputados, Edições Câmara, 2018.

MCCANN, Hannah *et al.* **O livro do feminismo**. 1. ed. Rio de Janeiro: Globo Livros, 2019.

RIBEIRO, Marcos. **Adolescente: Um bate-papo sobre sexo**. 2. ed. São Paulo: Moderna, 2016.

TIBURI, Marcia. **Feminismo em comum:** para todas, todes e todos. 8. ed. Rio de Janeiro: Rosa dos Tempos, 2018.

VIANNA, Cláudia *et al.* **Gênero e educação:** fortalecendo uma agenda para as políticas educacionais. São Paulo: Ação Educativa, Cladem, Ecos, Geledés, Fundação Carlos Chagas, 2016.

## ARTIGOS E REPORTAGENS

ALBUQUERQUE, Juliana de. Afinal, o que querem os homens?. *Folha de S.Paulo*, 20 jan. 2019. (Ilustríssima, p. 4.)

CALLIGARIS, Contardo. Para acabar com as ideologias de gênero. *Folha de S.Paulo*, 9 maio 2019. (Ilustrada, p. 6).

FRANCO, Clarissa de. O silêncio dos homens. *Folha de S.Paulo*, 27 set. 2019. (Opinião, p. 3).

MEIRELES, Maurício. Guerras culturais se acirram, e quem vence é a direita de Bolsonaro. *Folha de S.Paulo*, 29 out. 2018. (Ilustrada.)

PRATA, Antonio. Pauta de costumes. *Folha de S.Paulo*. 19 set. 2019. (Cotidiano, p. 3.)

TAGLIABUE, John. Pré-escola estimula igualdade de gênero. *Folha de S.Paulo*, 26 nov. 2012. (Diário de Estocolmo, p. 2.)

VARELLA, Drauzio. Ideologia de gênero. *Folha de S.Paulo*, 15 set. 2019. (Ilustrada, p. 8.)

VIANNA, Branca. Progesterona na mesa. *Revista Quatro Cinco Um*, São Paulo, 1º dez. 2018.

VIEIRA, Bianka. Aborto e polarização. *Folha de S.Paulo*, 29 set. 2019. (Ilustríssima, p. 4.)

## CONTEÚDO DIGITAL

**Gênero e Número**
<http://mod.lk/genernum>.

**Manual para uso não sexista da linguagem –** Paki Venegas Franco e Julia Pérez Cervera.
<http://mod.lk/4CBiK>.

**As meninas estão mudando a escola** - Nova Escola
<http://mod.lk/pJ8kD>.

**Educação sexual: precisamos falar sobre o Romeo** - Nova Escola
<http://mod.lk/1djCS>.

**A sociedade como campo de batalha** - Serrote; Instituto Moreira Salles
<http://mod.lk/2thT4>.

**Por que "ideologia de gênero"? Precisamos falar sobre isso** - Nexo
<http://mod.lk/fh4f2>.

**A masculinidade em 13 livros para se tornar um homem melhor** - Blog Papo de Homem.
<http://mod.lk/X4Oz6>.

**O glossário feminista que todos já deveriam estar dominando em 2017** - El País.
<http://mod.lk/ZpY5z>.

**Conheça 10 mulheres que mudaram a história da ciência mundial** - Larissa Lopes.
<http://mod.lk/wbM7e>.

**Nova geração revê 'masculinidade tóxica'; em estudo, 70% relatam serem treinados a 'ser macho'** - Matheus Moreira
<http://mod.lk/PFvh6>.

**Por que Oxford elegeu 'tóxico' como palavra do ano** - Juliana Domingos de Lima
<http://mod.lk/f1Sgr>.

**O uso da linguagem neutra como visibilidade e inclusão para pessoas trans não-binárias na língua portuguesa: a voz "del@s"ou "delxs" Não! A voz "delus"!** - Héliton Diego Lau.
<http://mod.lk/SNEKe>.

**O que é masculinidade tóxica?** - Quebrando o Tabu
<http://mod.lk/qbox2>.

**Djonga e a masculinidade tóxica** - Andre Charneski
<http://mod.lk/0CVc0>.

**Projeto incentiva masculinidade saudável nas escolas** - Portal Lunetas
<http://mod.lk/7V1Nv>.

**Mortes violentas disparam no Norte e Nordeste, na contramão do resto do país** - Fernanda Mena e Júlia Barbon
<http://mod.lk/GfwfC>.

**Audiovisual do Brasil é sexista, diz pesquisa de ONG de Geena Davis** - Gabriela Sá Pessoa
<http://mod.lk/LtCVy>.

**Morte de mulheres dentro de casa cresce 17% em cinco anos** - *Folha de S.Paulo*
<http://mod.lk/7NfBv>.

**Feminismo e príncipes encantados: a representação feminina nos filmes de princesa da Disney** - Fernanda Cabanez Breder
<http://mod.lk/rVvX3>.

**Os conto de fadas no cinema: uma perspectiva das construções de gênero, sua história e transformações** - Renata Santos Maia e Cláudia J. Maia
<http://mod.lk/93OVC>.

**Cinema de animação e as princesas: Uma análise das categorias de gênero** - Carolina Lanner Fossatti
<http://mod.lk/qvIhG>.

**Análise da evolução do estereótipo das princesas da Disney** - Karine Elisa Luchtemberg dos Santos Lopes
<http://mod.lk/g8eoT>.

**Saiba como surgiu o termo 'ideologia de gênero'** - Paulo Saldaña
<http://mod.lk/uXMy4>.

**Entenda as polêmicas sobre Escola sem Partido e gênero na educação** - Paulo Saldaña e Flávia Faria
<http://mod.lk/Jed3r>.

©FREEPIK

# Sobre as autoras

## Gabriela Romeu

Sou jornalista, documentarista e escritora, e há mais de vinte anos escrevo sobre as muitas questões relacionadas ao universo de meninos e meninas, seus cotidianos, seus sonhos, seus desafios. No jornal *Folha de S.Paulo*, entre 1999 e 2016, pensei a pauta, fiz entrevistas, escrevi reportagens e organizei edições sobre diferentes temas relacionados aos desafios de crianças e adolescentes no caderno *Folhinha*, que já não existe mais. Entre os muitos desafios cotidianos enfrentados por garotas e garotos nas reportagens do jornal, estavam também as questões de gênero. Era no jornal que sempre tentava ajudar os jovens leitores a traduzir assuntos muitas vezes espinhosos do mundo. Assuntos-desafios com os quais também me deparava no meu dia a dia: como ser mulher jornalista numa redação em que a chefia é predominantemente masculina; como ajudar minhas duas filhas a serem quem quisessem ou ainda dialogar com a filha adolescente sobre as questões de gênero em casa. Como documentarista e escritora, desde 2011, tenho rodado o país e dialogado com diferentes realidades a partir do projeto Infâncias (www.projetoinfancias.com.br), sempre atenta às narrativas de crianças e jovens.

## Uanessa Fort

Sou roteirista e produtora de cinema e televisão. Há mais de 12 anos faço parte de equipes que criam e produzem filmes e séries que tenham crianças e adolescentes como protagonistas. Entre minhas motivações, está meu compromisso com a diversidade desde qualquer olhar. Para isso, antes de criar qualquer história ou texto, gosto de conversar com as pessoas e escutar suas histórias de vida. Acredito que há vários modos de ser menino, menina e menine. E isso está cada dia mais evidente no mundo. E acho que as histórias de cinema, televisão e literatura têm que mostrar o quanto isso tem a ver com nossa humanidade.

Um dos trabalhos que fiz como roteirista é o longa-metragem *Eleições*, da diretora Alice Riff. Tive oportunidade de conhecer e conviver com jovens incríveis, e fazer o filme com eles. Eu acho que as histórias ajudam a gente a entender o que sente, aprender sobre a gente e sobre os outros, e a dar sentido e organização para nossas emoções e sonhos.

Por 10 anos fui coordenadora editorial de uma iniciativa chamada *ComKids*, onde pude conhecer muitas pessoas do mundo inteiro e organizar publicações, escrever artigos e organizar festivais e seminários que discutem questões de infância e juventude, e as produções dedicadas a elas. Sou formada em rádio e tv e pós-graduada em ciências sociais. Mas, o que eu quero mesmo, é ajudar a tornar o mundo um lugar melhor.

Todos os *links* deste livro foram acessados em: 21 set. 2021.